Martina Darga

Taoismus

MARTINA
DARGA

TAOISMUS

DIEDERICHS KOMPAKT

Die chinesischen Texte wurden alle von Martina Darga für dieses Buch übersetzt, ausgenommen der Text »Die Zauberperle« von Zhuangzi auf Seite 22 und das Gedicht von Li Bai auf Seite 85.

Die Deutsche Bibliothek – CIP-Einheitsaufnahme
Darga, Martina:
Taoismus / Martina Darga. - Kreuzlingen ; München :
Hugendubel, 2001
(Diederichs kompakt)
ISBN 3-7205-2267-9

Umschlaggestaltung: Zembsch' Werkstatt, München
Textredaktion: Loel Zwecker, München
Produktion: Maximiliane Seidl
Satz: EDV-Fotosatz Huber/Verlagsservice G. Pfeifer,
Germering
Druck und Bindung: Huber, Dießen
Printed in Germany

ISBN 3-7205-2267-9

INHALT

Laozi, Spruch 16

Gelange zum höchsten First der Leere.
Bewahre die Stille in ihrer Echtheit.
Die mannigfaltigen Wesen mögen sich zugleich zur Tätigkeit erheben,
ich erschaue darin die Umkehr.
Nun, von den Wesen in all ihrer Vielfalt
kehrt ein jedes zu seiner Wurzel zurück.
Rückkehr zur Wurzel heisst Stille,
und dies heisst Umkehr zum Leben.
Umkehr zum Leben heißt Ewigkeit.
Erkenntnis der Ewigkeit heißt Erleuchtung.
Das Ewige nicht zu erkennen
führt zu Falschem und schafft Unheil.
Erkenntnis des Ewigen führt zum Zulassen.
Zuzulassen führt zur Unparteilichkeit.
Unparteilichkeit führt dazu, alles zu umfassen.
Alles zu umfassen führt dazu, der Natur entsprechend zu werden.
Der Natur entsprechend zu werden führt zum Dao.
Das Dao führt zur ewigen Dauer.
Der Körper mag vergehen, doch darin besteht keine Gefahr.

EINFÜHRUNG

Im »Daode jing« heißt es: »Wenn die Worte wenige sind, ereignet sich alles wie von selbst.« Angesichts dieses Spruches von Laozi werde ich im Folgenden recht undaoistisch handeln. Denn es bedarf so mancher Worte, um das Thema dieses Buches, den Daoismus, zu erläutern. Wie die zahlreichen daoistischen Publikationen zeigen, die im Laufe der chinesischen Geschichte entstanden sind, waren auch die Daoisten den Worten im Grunde gar nicht abgeneigt. Im Jahr 1445 nahm der »Daoistische Kanon«, eine Sammlung von Schriften über daoistische Lehren und Praktiken, seine heutige Gestalt an. Er enthält 1487 Texte in 5486 Bänden. Bis heute kamen zu diesem Schrifttum noch etliche Publikationen hinzu. Wer einen Blick auf die deutschsprachige Literatur über den Daoismus wirft, wird feststellen, dass von der Vielzahl chinesischer Schriften noch nicht einmal ein Prozent übersetzt sind. Demnach steht nur ein verschwindend kleiner Teil der Originalliteratur denjenigen zur Verfügung, die sich mit dem Daoismus befassen möchten, aber kein Chinesisch lesen können.

Zahlreiche Veröffentlichungen tragen heutzutage das Wort Dao in ihrem Titel. Ihnen zufolge gäbe es viele »Daos«, etwa das Dao der Verhandlungskunst, das Dao der Schönheit oder das Dao des Geldes. Laozi, der Ahnherr des Daoismus, nennt das Dao »Geheimnis«, sogar »des Geheimnisses noch tieferes Geheimnis«. Nach traditioneller Anschauung bezeichnet Dao das unaussprechliche Absolute, die höchste Wirklichkeit und Wahrheit. In seiner ursprünglichen Wortbedeutung meint »Dao« allerdings »Weg«. Und so können die vielen »Daos« auf den Buchtiteln schlicht als »Wege« verstanden werden. Es mag zahlreiche Wege zu mehr Glück, Schönheit und Wohlstand geben. Aber es gibt nur ein Dao, und dieses reicht weit über die Menschheit und ihre Wünsche nach all diesen Dingen hinaus. Die Daoisten streben seit jeher die Rückkehr zum Dao, die Einheit mit dem Dao an und bezeichnen diese als Unsterblichkeit. Ein Weg dahin führt über das Geringerwerden seiner selbst. Um noch einmal die Worte Laozis aufzugreifen: »Wer das Dao übt, wird täglich geringer. Er wird geringer und immer geringer, bis er schließlich zum Nicht-Tun gelangt.«

Der Daoismus ist Chinas angestammte Religion und zählt mit dem Konfuzianismus und Buddhismus zu den drei großen Lehren des Landes. Die Wurzeln der daoistischen Religion reichen mindestens 2500 Jahre zurück. Unter dem Begriff Daoismus werden sehr unterschiedliche Traditionsstränge zusammengefasst. Ein wesentliches Merkmal verbindet sie jedoch: Alle daoistischen Traditionen erkennen ehrfurchtsvoll das Dao als das Absolute an.

Die Erforschung des Daoismus und seiner Geschichte ist relativ jung. Erst seit einigen Jahrzehnten setzen sich Wissenschaftler weltweit mit dieser Religion auseinander. Vor allem in den letzten Jahren zeigt sich, dass nicht nur das wissenschaftliche Interesse am Daoismus immer mehr zunimmt. Viele westliche Menschen fühlen sich zu bestimmten Praktiken wie dem Qigong oder Konzepten wie Yin und Yang hingezogen. Diese gehören zwar zum Daoismus, machen jedoch nur einen kleinen Teil der reichen Tradition aus.

Es ist beispielsweise noch wenig in unser Bewusstsein gedrungen, dass der Daoismus eine Religion mit einem umfangreichen Pantheon und einem ausgeprägten Ritual ist. Daoisten verehren unzählige Götter und beten zu ihnen, vollziehen ausgefeilte Rituale, praktizieren Exorzismus, rezitieren heilige Texte, bekennen Sünden, üben verschiedene Methoden der Meditation und Lebenspflege und vieles mehr. Alle diese daoistischen Wege sind Wege zum Heil und haben die Gewinnung der Unsterblichkeit zum Ziel. In manchen Schulen gilt die Rezitation heiliger Texte als eine der wichtigsten Methoden, zur Unsterblichkeit zu gelangen. Werden doch den von Göttern offenbarten Texten besondere Wirkkräfte zugeschrieben.

Dieser daoistische Heilsweg bleibt allen Menschen versperrt, die nicht Chinesisch lesen und sprechen können. Gleichzeitig deutet uns diese Tatsache eine Richtung an in unserem Nachdenken über die Frage, ob wir im Westen den daoistischen Weg gehen können, eine Frage, die oft gestellt wird, die ich aber weder beantworten möchte noch kann. Wo fänden wir Lehrer, die uns in diese tiefe Tradition einweisen könnten und würden? Und haben wir wirklich den inneren Wunsch, uns auf eine völlig fremde religiöse Praxis einzulassen und nicht nur die »Rosinen herauszupicken«? Was verstehen wir überhaupt unter »daoistischem Weg«? Das Wichtige im Zusammenhang mit dieser Frage scheint mir zu sein, zunächst den Daoismus genauer kennen zu lernen, die Sinne, das Herz und das Denken für eine Tradition zu öffnen, die unglaublich reich und inspirierend ist.

Dieses Buch versucht, eine Einführung in die unterschiedlichen Facetten der daoistischen Tradition zu geben. Es basiert auf neuesten Forschungen, ist jedoch eher für Laien als für Spezialisten gedacht. Allgemeine deutsche Literatur sowie wenige englische Grundlagenwerke sind im Literaturverzeichnis aufgeführt. Eine Auswahl spezifischerer wissenschaftlicher Werke in westlichen Sprachen zu einzelnen Kapiteln findet sich in den Anmerkungen. Das umfangreiche »Daoism Handbook«, von Livia Kohn herausgegeben, mit seinen thematisch geordneten Artikeln und Bibliografien ist eine Goldgrube für Leser, die sich eingehender mit dem Daoismus befassen wollen.

Im ersten Teil des vorliegenden Buches werden die Anfänge des Daoismus und einige weltanschauliche Grundlagen dargelegt. Der zweite Teil befasst sich mit der historischen Entfaltung der Tradition und ihren wichtigsten Schulen, während der dritte Teil spezifischen Themen gewidmet ist, wie den Unsterblichen oder den heiligen Bergen.

Der Daoismus ist so umfangreich, dass ein Mensch viele Leben benötigen würde, um ihn tiefgründig zu studieren. Daher hat sich jeder Forscher auf eines oder mehrere Teilgebiete spezialisiert. Es sind Sinologen in aller Welt, die uns durch ihre Studien einen umfassenden Einblick in den Daoismus gewähren und ein Buch wie dieses erst ermöglichen. Ihnen gilt mein Dank.

EDITORISCHE NOTIZ

Die chinesische Schrift basiert auf Schriftzeichen. Jedes Schriftzeichen hat eine bestimmte Aussprache, etwa *yin* oder *yang*. Im Westen wurden im Laufe der Zeit verschiedene Systeme entwickelt, um die Aussprache der chinesischen Zeichen wiederzugeben. »Dao« und »Tao« sind zwei Weisen, dasselbe chinesische Wort zu umschreiben. Seit einigen Jahren haben sich westliche Wissenschaftler weitgehend darauf geeinigt, die in China entstandene Pinyin-Umschrift zu verwenden, die inzwischen auch in vielen populären Büchern zu finden ist. In diesem Buch wird – den Umschlag, den Innentitel und die Rückseite ausgenommen – ebenfalls das Pinyin-System verwendet; z.B. steht »Dao« anstatt »Tao«, »Daode jing« statt »Tao te king«, »Laozi« statt »Laotse« oder »Zhuangzi« statt »Dschuang Dsi«. Bei einigen Wörtern hatten sich schon andere Umschriften eingebürgert. Daher sind diese Varianten gegebenenfalls in Klammern hinzugefügt worden, um dem Leser ein Erkennen jener Begriffe zu erleichtern.

LAOZI, SPRUCH 37

Das Dao ist ewig ohne Tun,
und doch gibt es nichts, was nicht getan wird.
Könnten Fürsten und Könige es bewahren,
dann würden sich die Wesen von selber gestalten.
Gestalteten sie sich und träten dabei persönliche Wünsche auf,
so würde ich diese durch die Schlichtheit des Namenlosen bannen.
Die Schlichtheit des Namenlosen bewirkt Wunschlosigkeit.
Wunschlosigkeit führt zur Stille,
und die Welt wird von selber recht.

1. ANFÄNGE DES DAOISMUS

ERSTE KEIME

Wann der Daoismus begonnen hat, lässt sich nicht sagen. Zunächst waren es einzelne Menschen oder kleine Zirkel, etwa ein Meister und seine Schüler, die sozusagen daoistisch orientiert waren. Erst ab dem 2. Jahrhundert n. Chr. bildeten sich große daoistische Organisationen mit Tausenden oder Hunderttausenden von Anhängern, und im Laufe der chinesischen Geschichte entstanden unterschiedliche daoistische Strömungen.

Die Daoisten übernahmen etliche Vorstellungen und Praktiken ihrer Zeit, die – verallgemeinernd gesprochen – mit der »chinesischen Weltanschauung« und dem »Volksglauben« zusammenhingen. Einige veränderten und entwickelten sie weiter. Andererseits waren sie stets bemüht, ihre Religion als die authentische gegen den Volksglauben abzugrenzen.

In der Zeit des späten 4. oder frühen 3. Jahrhunderts v. Chr. wurden die ersten uns bekannten daoistischen Schriften verfasst, welche die Tradition bis heute prägen. Keime für spezifische daoistische Praktiken und Lehren sind bei den »Schamanen« und den Meistern der Techniken zu finden.

»SCHAMANEN« UND MEISTER DER TECHNIKEN

Natürlich bestand in China seit jeher ein Glaube an Götter, und es wurden religiöse Handlungen vollzogen. Im 4./3. Jahrhundert v. Chr. waren offizielle Kulte wie der Ahnen- und der Himmelskult bedeutsam, in denen Opferungen eine zentrale Stelle einnahmen. Daneben gab es als Heilkundige und Geisterbeschwörer tätige Zauberer (*wu*) oder »Schamanen«[1] und die »Meister der Techniken« (*fangshi*), die auch als Priester und Ritualkundige zu offiziellen Zeremonien hinzugezogen wurden. Viele Meister der Techniken standen im Dienst der Kaiser und waren an den Höfen von Aristokraten tätig. Denn in ihrem Besitz befanden sich »Rezepte«, die Gesundheit und langes Leben versprachen sowie der Abwehr unheilvoller, durch böse Geister verursachter Einflüsse dienten.

Die Religionsform der »Schamanen« entstand im Süden Chinas. Viele »Schamanen« waren Frauen. Sie vermochten mit Göttern und Geistern zu kommunizieren und brachten ihnen Opfer dar. Darüber hinaus waren sie Heilkundige. Zur Heilung der Kranken verwandten sie Talismane, Beschwörungsformeln und Arzneien. Charakteristisch für die »Schamanen« ist des Weiteren, dass sie durch magische Tänze Regen bewirken konnten. Ekstatische Himmelsreisen oder Himmelsflüge und Liebesbeziehungen zwischen »Schamanen« oder »Schamaninnen« und Göttern werden in den »Elegien von Chu«, einer Gedichtsammlung aus dem 3.–2. Jahrhundert v. Chr., anschaulich beschrieben.

»Meister der Techniken« nannte man Menschen, die in Disziplinen wie der Astrologie, Geomantik und Medizin bewandert waren. Sie beherrschten Magie und Weissagung. Ebenso praktizierten sie verschiedene Methoden zur Bewahrung und Verlängerung des Lebens. Hier finden wir eine frühe Form dessen, was heute Qigong genannt wird. Die Naturbetrachtung und das Aufspüren natürlicher Gesetzmäßigkeiten war den »Meistern der Techniken« wichtig. Ihr Wissen bewahrten sie im Geheimen und gaben es nur von Meister zu Schüler weiter.

Sowohl die »Schamanen« als auch die Meister der Techniken waren Exorzisten. Sie vertrieben Geister, die Unheil oder Krankheiten herbeiführen konnten, und sicherten auf diese Weise Gesundheit und Wohlbefinden der Menschen. Eine zentrale Methode, diesen Mächten zu begegnen, stellte der Tanz dar, beispielsweise der »Schritt des Yu«, ein sehr verbreiteter exorzistischer Tanz. Dieser und viele weitere Praktiken der »Schamanen« und Meister der Techniken fanden Eingang in den Daoismus. Einige blieben bis heute erhalten.[2]

FRÜHE DAOISTEN UND IHRE SCHRIFTEN

Die ersten daoistischen Schriften, die wir kennen, gehen auf die Zeit des 4./3. Jahrhunderts v. Chr. zurück. Zu den bekanntesten gehören das »Daode jing« und der Text »Zhuangzi«. Beide Werke haben den gesamten Daoismus tief greifend beeinflusst. Sie legten Grundsteine für eine Anschauung der Welt und des Menschen, die sich als spezifisch daoistisch bezeichnen lässt.

LAOZI

DER ALTE MEISTER

Als der Vater des Daoismus hat Laozi (Laotse, Lao-tzu), »der alte Meister«, auf der ganzen Welt Bekanntheit und Berühmtheit erlangt. Gemäß traditioneller chinesischer Anschauung lebte er um 500 v. Chr., also zur Zeit von Konfuzius, und verfasste das Buch »Daode jing« (Tao-te-ching, Tao te king).

Diese Anschauung basiert auf der Biografie von Laozi, die in den »Historischen Aufzeichnungen« von Sima Qian (145–86 v. Chr.) aufgezeichnet ist. Dort heißt es, dass Laozi aus dem Staat Chu stammte und den Beruf des Archivars ausübte. Er pflegte das Dao und die Tugend. Sein Familienname war Li, ein sehr verbreiteter chinesischer Name, sein Vorname Er (Ohr), sein Großjährigkeitsname Dan (Langohr). Weil sich die Zustände im Land zusehends verschlechterten, fasste Laozi den Entschluss, seine Heimat zu verlassen, und zog gen Westen. Als er bei der Überquerung eines Passes ein Grenztor passierte, bat ihn der Passwächter Yin Xi, der Nachwelt etwas Schriftliches zu hinterlassen. So verfasste Laozi in etwa 5000 Schriftzeichen ein Buch über das Dao und dessen Wirkkraft. Dann reiste er weiter und niemand wusste, wo oder wie er sein restliches Leben verbracht hat.

In dieser Biografie wird ebenfalls eine Begegnung zwischen Laozi und Konfuzius (551–479 v. Chr.) erwähnt. Auf die Frage nach der Bedeutung der Riten erhielt Konfuzius eine kurze, prägnante Belehrung, die ihm Laozis Überlegenheit unmittelbar vor Augen führte.

Die Biografie fährt damit fort, Laozi habe möglicherweise 160 oder gar 200 Jahre gelebt, was darauf zurückzuführen war, dass er das Dao pflegte und sein Leben nährte. Schließlich weist sie auf einen Historiker namens Dan hin, der 129 Jahre nach Konfuzius' Tod eine Audienz beim Fürsten Xian (reg. 384–362 v. Chr.) hatte. Einige hätten diesen Herrn Dan für Laozi gehalten, andere jedoch nicht, heißt es weiter.

Wer war also Laozi? Und wann hat er gelebt? Zunächst ist festzuhalten, dass seine Biografie etwa 400 Jahre nach seiner möglichen Lebenszeit geschrieben wurde. Erwähnt werden dort Laozi, der Archivar und Zeitgenosse von Konfuzius, sowie Laozi, der Historiker, der etwa hundert Jahre später tätig war, der aber nicht von allen für Laozi gehalten wurde. Es wird auf die Möglichkeit hingewiesen, dass Laozi ein sehr hohes Alter erreicht habe, was den Schluss zuließe, dass die beiden Männer ein und derselbe waren.

Es gibt keine Quellen, aus denen zweifelsfrei hervorgeht, wer Laozi war und wann er gelebt hat. Seine Existenz kann weder eindeutig nachgewiesen noch widerlegt werden. Sinologen, die sich im Rahmen ihrer Forschungen mit diesem Thema befasst haben, sind zu unterschiedlichen Ergebnissen gelangt.

Dessen ungeachtet wurde und wird Laozi in China als Urvater des Daoismus, als einer der größten Weisen und seit dem 2. Jahrhundert n. Chr. als Gott verehrt. Als Verkörperung des ewigen Dao ist der Gott Laozi Retter der Menschheit. Er erscheint immer wieder und offenbart das Dao. Im liturgischen Daoismus gilt er als einer der drei höchsten Götter. Einige daoistische Strömungen betrachten Laozi als Unsterblichen und Meister der Unsterblichkeitspraktiken. Berührende Legenden erzählen von ihm, wunderschöne Bilder zeigen ihn. Seine Worte werden stets aufs Neue zitiert. Das schriftliche Vermächtnis, das er dem Passwächter hinterlassen haben soll, hat sich im Laufe der Zeit nicht nur in China weit verbreitet, sondern ist in der ganzen Welt bekannt. Dieser Text, das »Daode jing«, dient seit 2500 Jahren unzähligen Menschen als eine unerschöpfliche Quelle der Weisheit und Inspiration.

»DAODE JING«

Zuammen mit der Bibel gehört das »Daode jing« – übersetzt »Der Klassiker vom Dao und seiner Wirkkraft« – zu den am häufigsten übersetzten Büchern der Welt.

Wer könnte dieses Buch verfasst haben, wenn die Existenz des Autors Laozi so ungewiss ist? War es ein Autor oder waren es mehrere? Auch mit diesen Fragen haben sich die Forscher auseinander gesetzt. Doch wie bei zahlreichen anderen daoistischen Texten konnte auch hier die Urheberschaft nicht endgültig geklärt werden. Viele daoistische Texte wurden berühmten Weisen oder auch legendären Unsterblichen zugeschrieben. Wer diese Texte tatsächlich geschrieben hat, bleibt sehr häufig im Dunkeln. Hinsichtlich des »Daode jing« hat sich inzwischen weitläufig die Ansicht durchgesetzt, dass es vor seiner Abfassung eine mündliche Überlieferung gegeben hatte. Diese orale Tradition eines oder mehrerer Meister wurde schließlich schriftlich niedergelegt. Sprachliche und inhaltliche Unterschiede im Text deuten darauf hin, dass die einzelnen Aussprüche von verschiedenen Weisen stammen und dass sie möglicherweise über eine längere Zeit hinweg in der Anthologie »Daode jing« gesammelt wurden. Vermutlich stammt das Buch etwa aus der Mitte des 4. Jahrhunderts v. Chr. Sicher ist, dass es hundert Jahre später gut bekannt war. Denn es wurde damals in anderen bedeutenden Schriften mehrfach zitiert.

Die Textversion, auf der unsere westlichen Übersetzungen basieren, hat ihre endgültige Gestalt im 3. Jahrhundert n. Chr. angenommen. Dieser Text ist in zwei große Abschnitte gegliedert, »Dao« (1. Teil) und »De« (2. Teil), und umfasst 81 Sprüche. Auch der Titel »Daode jing« stammt aus dieser späteren Zeit. Zuvor hieß der Text schlicht »Laozi«, wie er übrigens auch heute noch vielfach genannt wird.

Im Jahr 1973 fanden Archäologen in einem Grab in Mawangdui in der Provinz Hunan zwei Seidenmanuskripte des »Daode jing«. Dieses Grab wurde 168 v. Chr. versiegelt. Das ältere der beiden Manuskripte wurde auf die Zeit vor 195 v. Chr. datiert. Anders als das bisher bekannte »Daode jing« beginnen diese Textversionen mit dem (zweiten) Teil »De« und fahren mit dem (ersten) Teil »Dao« fort. Hier erscheint das »Daode jing« gewissermaßen als »Dedao jing«.

Zwanzig Jahre später, 1993, wurde in einem Grab in Guodian in der Provinz Hubei ein weiterer interessanter Fund gemacht, nämlich eine philosophische Bibliothek. Diese »Bibliothek« besteht aus 730 beschrifteten Bambusstreifen, von denen 71 dem Text »Laozi« entsprechen. Archäologen datierten dieses Grab auf das späte 4. oder frühe 3. Jahrhundert v. Chr. Somit ist dieses Manuskript das früheste, das uns bislang bekannt ist.[3]

Die 71 Bambusstreifen sind in drei getrennte Bündel zusammengefasst. Hinweise auf die Zusammengehörigkeit der Bündel gibt es nicht und keines der Bündel trägt einen Titel. Dies legt die Vermutung nahe, dass die drei Manuskripte keinen zusammenhängenden Text darstellen, zumal zwei Bündel unterschiedliche Versionen ein und desselben Spruches enthalten. Es ist anzunehmen, dass jedes Bündel einer, vielleicht auch mehreren unterschiedlichen Quellen entsprang.

Die Texte auf den Bambusstreifen konnten einzelnen Sprüchen des »Daode jing« zugeordnet werden. Einige Sprüche sind unvollständig, andere mit den heute bekannten identisch, wieder andere weichen mehr oder weniger ab. Insgesamt umfasst dieser Text 31 Sprüche. Demnach sind fast zwei Drittel des heutigen Textes nicht vorhanden. Ob sie zur damaligen Zeit noch nicht verfasst waren oder ob sie nur in dieser speziellen Textsammlung fehlen, lässt sich nicht sagen.

Wie die vergleichende Lektüre der Guodian-Manuskripte mit dem »Daode jing« zeigt, bestehen auch inhaltliche Unterschiede. Eine wesentliche Differenz ist, dass der neuere Text die konfuzianischen Tugenden erwähnt und gegen sie Stellung nimmt. Indem er sie als etwas Künstliches ablehnt, schafft er eine deutliche Abgrenzung zwischen Daoismus und Konfuzianismus. In den älteren Guodian-Manuskripten fehlt diese Auseinandersetzung völlig. Darüber hinaus werden einige Konzepte, die als typisch daoistisch gelten, im Guodian-Text kaum behandelt, etwa die Idee, dass Weiches das Harte überwindet, oder das Motiv des Weiblichen oder Mütterlichen. Diese Hinweise mögen im Rahmen dieser Einführung genügen. Generell lassen die Unterschiede zwischen beiden Texten darauf schließen, dass der Urtext in den Jahrhunderten nach seiner Entstehung verändert und wahrscheinlich dem Denken der damaligen Zeit angepasst wurde. Es ist die erweiterte Version aus dem 3. Jahrhundert n. Chr., die bis heute in China kursiert und auf der alle Übersetzungen beruhen. Sie ist ebenfalls die Grundlage für die nun folgenden Erklärungen einiger wichtiger Grundbegriffe.

VOM DAO UND SEINER WIRKKRAFT

Laozis Aphorismen sind vielfach geheimnisvoll und nicht ohne weiteres zu verstehen. Sie handeln vom Dao, dem Leben und der Lebensführung. Zahlreiche Aussprüche sind an Herrscher gerichtet und geben Hinweise für das richtige Regieren.

»Dao« bedeutet wörtlich »Weg«. Das heißt den Weg, den jemand beschreitet, weshalb »Dao« auch, übertragen, im Sinn von »Methode« benutzt wurde und wird. Diese Methode oder dieser Weg muss nicht daoistisch sein. So gibt es auch Wege, die auf der japanischen Zen-Tradition basieren, wie der Weg des Tees. Im Konfuzianismus wird der Begriff »Dao« für den rechten Weg des Verhaltens verwendet. Er bezieht sich dort auf eine menschliche Ordnung, die freilich der Ordnung des Himmels entsprechen sollte.

Das »Daode jing« gebraucht »Dao« in der Bedeutung des »Absoluten«. Das ewige Dao ist das Allerhöchste, die letzte Wahrheit und Wirklichkeit, der Urgrund der Welt, die höchste Leere, die ungeschiedene Einheit, das unaussprechliche Geheimnis. Das Dao erzeugt und durchströmt alles, aber es greift nicht im Geringsten in das Weltgeschehen ein. Diese Charakteristika des Dao sind Hinweise auf etwas, was letztlich nicht in Worte gefasst werden kann, da es sich jenseits des gewöhnlichen menschlichen Bewusstseins befindet. So heißt es im 1. Spruch des »Daode jing«: »Das Dao, das benannt werden kann, ist nicht das ewige Dao.« Diese und weitere Passagen legten den Grundstein für das Verständnis vom »Dao« als der transzendenten, absoluten Wirklichkeit, auf dem alle weiteren daoistischen Schulen aufbauten.

»De« finden wir sehr häufig übersetzt mit »Tugend«.[4] Dieser Begriff bezieht sich auf die Wirkkraft des Dao, die sich in der Welt wahrnehmbar manifestieren kann. Hierzu gehört auch die Verwirklichung des Dao durch den Heiligen oder den weisen Menschen. Der Heilige ist tugendhaft in der Hinsicht, dass er ein Leben im Einklang mit dem Dao führt. Die Wirkkraft des Dao offenbart sich in seinem Sein und seiner Lebensführung.

»Daode jing« ist »Der Klassiker (*jing*) vom Dao und seiner Wirkkraft (oder: Tugend)«. Das Wort *jing*, der »Klassiker«, bezeichnet in seiner Grundbedeutung die Kettenfäden eines Gewebes, weshalb dieser Begriff übertragen auch »Leitfaden« bedeutet. Durch den Zusatz »Klassiker« wird die herausragende Bedeutung eines Werkes hervorgehoben. Im Daoismus gelten Klassiker als heilige Schriften.

Ein weiterer wichtiger Begriff im »Daode jing« ist *wuwei*, wörtlich übersetzt »Nicht-Tun«. Das Nicht-Tun bezieht sich auf eine innere Haltung und bedeutet nicht, die Hände in den Schoß zu legen und fortan nicht mehr zu handeln. Im 37. Kapitel des »Daode jing« heißt es: »Das Dao ist auf ewig ohne Tun, und doch bleibt nichts ungetan.« Der Heilige nimmt sich das Dao zum Vorbild und übt die Haltung des »Nicht-Tuns«. Er greift nicht in den Lauf der Dinge ein, sondern lässt sie sich von selbst, spontan entfalten. Dem Konzept des »Nicht-Tuns« liegt die Idee zugrunde, dass es eine universelle Spontaneität gibt, durch die sich alles in natürlicher und somit »guter« Weise von selbst entwickelt. Dieser Prozess sollte nicht gestört werden, indem ein Mensch künstliche Veränderungen schafft. Das »Nicht-Tun«

legt Laozi daher auch den Herrschern als die rechte Regierungsweise nahe. Im späteren Daoismus wurde die innere Haltung des »Nicht-Tuns« auch in Beziehung zur Meditation gesetzt.

Auch das Motiv der Leere ist bei Laozi und fortan im gesamten daoistischen Denken von großer Tragweite. Um den Sinn der Leere zu erläutern, benutzt Laozi Bilder. So sagt er im 11. Spruch, dass der Nutzen eines Gefäßes auf seinem Leersein beruhe oder dass ein Blasebalg leer, aber unerschöpflich sei und durch seine Bewegungen ständig etwas hervorbringe. Das wahre Wesen der Dinge offenbart sich also in deren Leerheit. Auch das Dao ist leer und gleichzeitig unerschöpflich. Das Wesen der Leere liegt in der Abwesenheit von all dem, was eine Form oder einen Namen hat. Dazu zählen z.B. auch Gedanken oder persönliche Wünsche. Um noch einmal auf das Gefäß zurückzukommen: Weil es leer ist, kann es empfangen. Darin liegt sein Wesen. Je mehr sich ein Mensch von seinem »Selbst« befreit, desto leerer wird er und umso besser kann er das Dao empfangen.

Mit der Leere geht die Stille einher. Wer den inneren Zustand der Leere und Stille erreicht, schaut die Wirklichkeit unvoreingenommen. Er ist nicht in der Relativität von Begriffen wie beispielsweise »schön« und »hässlich« gefangen. Auch erkennt er, dass alles einer gemeinsamen Wurzel entstammt und zu dieser wieder zurückkehrt. Die Wurzel ist der Urgrund des Universums, die Mutter von Himmel und Erde, mit anderen Worten das ewige Dao.

ZHUANGZI

MEISTER ZHUANG UND SEIN WERK

Wer den Urnebel in Freiheit und Unwissenheit umherhüpfen sieht, wer mit einem Totenschädel ins Gespräch kommt oder vom Glück der Schmetterlinge träumt, der streift in Zhuangzis Welt umher, einer daoistischen Welt voller Poesie, kreativer Fantasie und geistiger Tiefe. Das in China vielfach kommentierte und in zahlreiche Weltsprachen übersetzte Buch »Zhuangzi« (»Dschuang

Dsi«), »Meister Zhuang«, zählt zu den großen Werken der Weltliteratur. Es zeichnet sich durch seine hohe literarische Qualität und einen außerordentlichen Reichtum an Imagination aus. Neben Tieren, Fabelwesen, historischen und fiktiven Persönlichkeiten treten in diesem Buch völlig neue Gestalten auf die Bühne. Es sind personifizierte Naturkräfte sowie personifizierte Aspekte von Psyche und Geist der Menschen, wie etwa in der folgenden Erzählung:

ZHUANGZI, DIE ZAUBERPERLE (BUCH 12.4)

Der Herr der gelben Erde wandelte jenseits der Grenzen der Welt. Da kam er auf einen sehr hohen Berg und schaute den Kreislauf der Wiederkehr. Da verlor er seine Zauberperle. Er sandte Erkenntnis aus, um sie zu suchen, aber bekam sie nicht wieder. Er sandte Scharfblick aus, um sie zu suchen, und bekam sie nicht wieder. Er sandte Denken aus, um sie zu suchen, und bekam sie nicht wieder. Da sandte er Selbstvergessenheit aus. Selbstvergessenheit fand sie. Der Herr der gelben Erde sprach: »Seltsam fürwahr, dass gerade Selbstvergessenheit fähig war, sie zu finden!«[5]

In Parabeln, Metaphern und kurzen Abhandlungen gewährt uns das Buch »Zhuangzi« tiefe Einblicke in die daoistische Weltsicht der damaligen Zeit. Traditionell wird es Zhuang Zhou zugeschrieben, der im 3. Jahrhundert v. Chr. lebte und über dessen Leben kaum etwas bekannt ist. Forschungen haben ergeben, dass dieses umfangreiche Werk den Federn mehrerer Autoren entsprungen ist. Völlig geklärt ist die Autorschaft nicht. Doch es herrscht Übereinstimmung darin, dass die sieben ersten »Inneren Kapitel« von Meister Zhuang selbst oder seinen direkten Schülern stammen. Sie gelten als die authentischsten des Werkes. Alle übrigen Kapitel gehen wahrscheinlich auf philosophische Gruppierungen zurück, die Zhuangzis Lehren nahe standen. Die Zusammenstellung der Texte erfolgte über einen Zeitraum von etwa hundert Jahren, nämlich vom späten 4. Jahrhundert bis zum frühen 2. Jahrhundert v. Chr. In der Tang-Dynastie (618–907) wurde der Text »Zhuangzi« in den Rang eines Klassikers erhoben, und zwar unter dem Titel »Wahrer Klassiker der südlichen Blüte« (bzw. »Das wahre Buch vom südlichen Blütenland«).

VOM FREIEN UMHERSCHWEIFEN

Das Buch »Zhuangzi« ist ein sehr vielschichtiges Werk und hat den Daoismus tief greifend beeinflusst. Einige zentrale Vorstellungen sind das sorglose Umherschweifen, die Person des Heiligen und das Fasten des Herzens.

Das sorglose Umherschweifen bezeichnet einen Zustand grenzenloser Freiheit. Über die Beschränkungen der gegenständlichen Welt hinausgehend vermag der Heilige alle Gefilde des Universums zu durchstreifen. Nur wer den Zustand eines Heiligen erreicht hat, kann sich auf diese Reisen begeben. Denn allein der Heilige hat sich von der Welt gelöst, von gesellschaftlichen Konventionen, materiellen Gütern, politischen und sozialen Sorgen und vielem mehr. Auch hat er die Beschränkungen der Sprache und seines eigenen diskursiven Denkens erkannt. Er ist frei von bedrängenden Gefühlen. Sein Geist ist klar. Er hat sich jedoch nicht nur von seinen Bindungen an die Welt befreit, sondern ist auch über die gegenständliche Welt und sich selbst hinausgegangen oder hinausgewachsen. Er ist nicht mehr im Dualismus gefangen. Die Kategorisierung der »Dinge« in Ja und Nein, Falsch und Richtig, Ehre und Schmach, ich und die anderen hat er als etwas Relatives erkannt. Er erfährt die Einheit von allem und repräsentiert sie. Daher steht er dem Dao nahe. Der Heilige dient allen anderen Menschen als Vorbild. Sein Leben zeigt das Ziel, an dem sich menschliches Streben ausrichten sollte. Ekstatische Reisen und ekstatische Freiheit als ein Ausdruck mystischer Erfahrung finden sich in späteren daoistischen Strömungen wie der Tradition der Höchsten Klarheit wieder.

Zhuangzi zeigt keinen konkreten Weg auf, um den Zustand eines Heiligen zu erreichen. Doch in einigen Passagen gibt er Hinweise auf die Meditation. So deutet er mit dem Begriff »Sitzen und Vergessen« eine meditative Praxis an. Die Zurückgezogenheit von der Welt und die Lösung des Verhaftetseins an die Welt werden als

Grundlage dafür betrachtet, um sich auf das Dao einzustimmen und mit ihm in Einklang zu kommen.

Darüber hinaus finden sich im »Zhuangzi« erste Bemerkungen über die Lebensenergie, das Qi (Ch'i), sowie Anspielungen auf Praktiken im Umgang mit der Lebensenergie. Diese Andeutungen inspirierten die Praxis vieler späterer Daoisten. Ein sehr wichtiges Konzept ist das »Fasten des Herzens«, das von späteren Daoisten als ein inneres Horchen auf die Atmung geübt wurde. Ziel dieser Praxis ist es, den Geist leer werden zu lassen, was bedeutet, in der inneren Zurückgezogenheit die Stille des diskursiven Denkens zu erreichen. Das Herz, in dem daoistischer Anschauung nach Begehren und Gedanken wurzeln, soll also ihrer ledig werden. Wie es bei Zhuangzi heißt, geht es beim Fasten des Herzens darum, nicht mit den Ohren oder dem Bewusstsein zu hören, sondern mit der ursprünglichen Lebensenergie. Denn diese ist unbegrenzt und erwartet die Dinge in Leere. Die ursprüngliche Lebensenergie wird als ein Synonym für das Dao gebraucht, welches selbst die höchste Leere ist. »Nur durch das Dao kann jemand Leere sammeln, und Leere ist Fasten des Herzens«, sagt Zhuangzi im 4. Kapitel. So zielt das Fasten des Herzens darauf ab, einen dem Dao vergleichbaren inneren Zustand zu erreichen.

In Einklang mit dem Dao zu leben bedeutet im »Zhuangzi« stets eine gewisse Zurückgezogenheit aus der Welt. Sie gründet sich in einer grundsätzlichen Skepsis gegenüber der vom Menschen geschaffenen Kultur. Das menschliche Wissen wird als begrenzt betrachtet, die Sprache als relativ. Die vollständige Erkenntnis und Gewahrwerdung des Dao kann nur durch die Überschreitung aller Begrenzungen erlangt werden, die das Leben eines gewöhnlichen Menschen ausmachen.

GUANZI

MEISTER GUAN UND SEIN WERK

»Guanzi« , »Meister Guan«, lautet der Titel einer Textsammlung, die eine frühe Quelle der daoistischen Mystik darstellt. Die Kompilation stammt aus der Zeit um

300 v. Chr. und wurde bis 26 v. Chr. durch zusätzliches Material erweitert. Traditionell wird sie dem Minister Guan Zhong zugeschrieben, von dessen Namen der Titel »Guanzi« abgeleitet ist. Tatsächlich sind die Texte auf den Austausch von Gelehrten zurückzuführen, die König Xuan (reg. 320–301 v. Chr.) im Staat Qi versammelte.

Im »Guanzi« sind vier Texte enthalten: »Das innere Werk«, »Die Kunst des Herzens«, Teil 1 und Teil 2, sowie »Das gereinigte Herz«. Der älteste Text ist »Das innere Werk«, wörtlich übersetzt »Die innere Arbeit«.[6] Er besteht aus Versen, die sich zum Teil reimen und wahrscheinlich zum Auswendiglernen gedacht waren. Dieser Text beschreibt eine innere Praxis der Selbstumwandlung und bezieht sich auf die Meditation. Betont wird vor allem die tiefe Stille, die verbunden ist mit der Reinigung des gewöhnlichen Bewusstseins. Durch die Reinigung, d.h. das Freiwerden von Verlangen, Emotionen und Gedanken, findet eine »Umstimmung« der Wahrnehmung statt und das Dao kann so im Herzen erfahren werden. Der Text über das Dao und die Selbstkultivierung enthält Hinweise auf Praktiken der Lebenspflege, wie etwa die Konzentration der Lebensenergie. Diese Praktiken unterstützen die Entfaltung des inneren Lebens, das in die unmittelbare Erfahrung des Dao münden kann. Im Zentrum des »Inneren Werks« sowie der drei anderen Texte des »Guanzi« steht das Numinose, nämlich das Dao, der meditative Weg zu seiner Erfahrung sowie das Einbringen dieser Erfahrung in das alltägliche Leben. Des Weiteren werden in diesem Text eine Kosmologie entwickelt und Hinweise zur Regierung des Landes gegeben, die auf dieser Kosmologie und der Selbstkultivierung basieren.

DIE HUANG-LAO-STRÖMUNG

Im 2. Jahrhundert v. Chr. erlebte im damaligen Nordchina eine daoistische Strömung ihre Blütezeit, die Huang-Lao-Strömung genannt wird. Ihr Name deutet auf die beiden Schutzheiligen dieser Strömung und des Daoismus generell hin: Huangdi, der Gelbe Kaiser, und Laozi. Laozi haben wir bereits kennen gelernt. Der Gelbe Kaiser gehört zu den fünf mythischen Kaisern, den weisen Herrschern Chinas, und soll vor etwa 5000 Jahren gelebt haben. Er gilt als der Begründer der chinesischen Zivilisation. Das älteste und grundlegende medizinische Buch Chinas, »Der innere Klassiker des Gelben Kaisers«, geht der Überlieferung nach auf ihn zurück.

Die Lehre und Praxis der Huang-Lao-Strömung war insbesondere durch politische Ideen sowie durch Methoden zur Erlangung der Langlebigkeit gekennzeichnet. Das gute Regieren durch Nicht-Tun wurde nicht nur propagiert, sondern man versuchte, es in einigen Regierungsbezirken tatsächlich in die Tat umzusetzen. Zu den Grundfesten der Schule gehörte auch das Bestreben, menschliches Handeln mit Naturgesetzen in Einklang zu bringen, um den Ablauf des kosmischen Geschehens nicht zu stören. Um günstige oder ungünstige Zeitpunkte für wichtige Aktivitäten auszuloten, griff man auf divinatorische Methoden zurück. Die Regierung wurde an den Ergebnissen von Weissagungen ausgerichtet. Übungen zur Bewahrung und Verlängerung des Lebens sowie der Verzicht auf Reichtum waren weitere zentrale Aspekte der Huang-Lao-Strömung.

GRUNDLAGEN DER WELTANSCHAUUNG

KOSMOS UND MENSCH

Die Daoisten betrachten das Dao als den Urgrund alles Seienden. Aus dem Dao, der Ureinheit, ist in zunehmender Differenzierung das gesamte Universum entstanden, dessen Ordnung in Raum und Zeit durch grundlegende Prinzipien wie Yin und Yang oder die fünf Wandlungsphasen gewährleistet wird. Alles im Universum wird von der Lebensenergie, dem »Qi«, durchströmt und befindet sich in ständiger Wandlung.

Drei Sphären konstituieren die Welt: der Himmel, die Erde und die Menschen. Der Mensch steht zwischen Himmel und Erde. Seine Füße sind in Kontakt mit der Erde und sein Kopf ragt in den Himmel. Er ist das einzige Lebewesen, das in sich die himmlische und die irdische Sphäre verbinden kann. Der Mikrokosmos Mensch ist in den Makrokosmos eingebettet und gilt als dessen Abbild. Daher unterliegt er denselben Gesetzmäßigkeiten wie das Universum. Ebenso wie den Makrokosmos durchwirkt auch ihn die Lebensenergie.

Der menschliche Körper wird von verschiedenen Energien durchströmt. Und wie das gesamte Universum ist auch er die Wohnstätte zahlreicher Götter. Im Daoismus werden Götter generell als Qualitäten der Lebensenergie verstanden. Es ist dem Menschen möglich, in einen lebendigen Kontakt und Austausch mit den Göttern zu treten. In einigen daoistischen Strömungen nehmen die Priester mit den Göttern Kontakt auf, in anderen hat der Adept oder der Gläubige selbst die Möglichkeit, mit ihnen eine Verbindung einzugehen. Vielfach erscheint das Verhältnis zu den Göttern sehr lebendig, etwa wenn diese in der Meditation visualisiert werden oder ein Mensch in der Meditation ekstatische Reisen in himmlische Gefilde unternimmt.

Im Allgemeinen wird der Daoismus als eine Religion betrachtet, in der die Natur von großer Bedeutung ist. Er lässt an Einsiedler denken, die in unwegsamen Bergwelten leben und sich in ihrer Praxis und Erkenntnis von der Natur inspirieren lassen. Obwohl es diese Einsiedler gab und noch gibt, machen sie nicht das Gros der Daoisten aus. Dennoch spielen die Natur und Naturbetrachtung im Daoismus eine wesentliche Rolle. Vor allem in frühen daoistischen Texten wurde der Rückzug aus der Kultur, die bekanntlich von Menschen geschaffen wurde, als ein wichtiger Weg angesehen, um dem Dao nahe zu kommen. Viele berühmte, noch heute zu bewundernde Kloster- und Tempelanlagen befinden sich in heiligen Gebirgen. Ein pragmatischer Grund für die besondere Naturbetrachtung und Naturachtung liegt wohl in dem Umstand, dass die Chinesen ein Agrarvolk sind und der Ackerbau über Jahrtausende hinweg ihre Lebensgrundlage darstellte. Durch die Naturbeobachtung konnten sie Gesetzmäßigkeiten erkennen, die das Leben des Universums und seine Wandlungen regeln. Diese Erkenntnisse befähigten sie wiederum, ihr eigenes Leben harmonisch in das Natur- und Weltgeschehen einzufügen. Zwei grundlegende Entdeckungen sind das Wechselspiel von Yin und Yang sowie das der fünf Wandlungsphasen. Sie bilden bis heute einen Grundpfeiler der chinesischen Weltanschauung und sind ein Merkmal des Daoismus.

YIN UND YANG

Neben dem Dao sind Yin und Yang die Begriffe, die bei uns am engsten mit dem Daoismus verbunden werden. Tatsächlich spielen sie im Daoismus eine große Rolle, doch sie stammen nicht aus ihm und sind auch in anderen Traditionen von erheblicher Bedeutung. Yin und Yang kommen als Begriffe bereits im ersten Jahrtausend v. Chr. auf Bronzeinschriften vor. Yin bezeichnet dort die schattige Nordseite eines Berges, die Dunkelheit und Regenwolken, Yang den sonnigen Südhang, das Licht und die Sonnenstrahlen.

Um das 4. Jahrhundert v. Chr. begann man, Yin und Yang als Qualitäten der Lebensenergie aufzufassen und durch ihr Wirken Naturphänomene zu erklären. So galt ein disharmonisches Verhältnis zwischen Yin und Yang als die Ursache für Erdbeben, Fluten, Stürme oder Hagel. Unwesentlich später fand das Yin-Yang-Konzept auch als Erklärungsmuster für Krankheiten Anwendung.

Schon die Bronzeinschriften lassen erkennen, dass Yin und Yang eine Polarität darstellen. Diese Polarität wurde später als etwas erkannt, das in allen Phänomenen zu beobachten ist. Einige Beispiele mögen dies zeigen: Das Kalte, Weiche, Stoffliche, Weibliche, die Erde, die Ruhe und die geraden Zahlen sind Yin, während das Warme, Harte, Geistige, Männliche, der Himmel, die Bewegung und die ungeraden Zahlen Yang sind. Alle

Erscheinungen in der Welt, in Zeit und Raum, so auch der Mensch wurden im Hinblick auf Yin und Yang klassifiziert.

Yin und Yang sind nicht als Gegensätze zu verstehen, sondern als zusammengehörige rhythmisch-dynamische Polarität. Sie stehen für eine Dynamik und einen Rhythmus, die alle zyklisch fortlaufenden Bewegungen und Wandlungen im Universum bestimmen. Der kontinuierliche Wechsel von Tag und Nacht ist ein Beispiel hierfür. Freilich ist der Wechsel zwischen Yin und Yang nicht abrupt. Yin nimmt kontinuierlich zu, bis es seinen Höhepunkt erreicht. Dann beginnt Yang zu entstehen, und Yin nimmt wieder ab. Dasselbe lässt sich auf Yang übertragen.

Yin und Yang spielen in der daoistischen Kosmologie eine wichtige Rolle. So heißt es, die Welt sei dadurch entstanden, dass sich die ursprüngliche Lebensenergie in eine klare und leichte Lebensenergie, das Yang, und in eine trübe und schwere Lebensenergie, das Yin, teilte. Yang stieg nach oben und bildete den Himmel. Yin sank nach unten und formte die Erde.

Grafisch wird das Yin-Yang-Paar durch jenes allseits bekannte Symbol dargestellt, das auch den Umschlag des vorliegenden Buches schmückt. Dieses Symbol entstand etwa zwischen dem 10. und 13. Jahrhundert, ist also über 2000 Jahre jünger als die Bronzeinschriften, jene ersten Belege für die Schriftzeichen Yin und Yang.

Das Wechselspiel von Yin und Yang stellt ein dem Kosmos innewohnendes Ordnungsprinzip dar. Die kosmische Ordnung wird auch durch die fünf Wandlungsphasen gestützt, die der raumzeitlichen Welt als konstitutives Prinzip zugrunde liegen.

DIE FÜNF WANDLUNGSPHASEN

Holz, Feuer, Erde, Metall und Wasser sind kosmische Kräfte, die als »fünf Wandlungsphasen« (*wuxing*) oder auch als »fünf Elemente« bezeichnet werden. Das chinesische Wort für »Wandlungsphase« oder »Element« drückt Aktivität aus und wird auch mit »handeln« übersetzt. Wandlungsphasen sind nicht statisch, sondern grundsätzlich dynamisch. Ein weiteres Merkmal der fünf Wandlungsphasen ist ihr Wechselspiel, das die Wandlungen im Kosmos beeinflusst.

Wie Yin und Yang bilden die Wandlungsphasen die Grundlage für ein System zur Klassifizierung aller Erscheinungen im Kosmos, in der Welt und im menschlichen Leben. Himmelsrichtungen, Jahreszeiten, Zahlen, Farben, Geschmacksrichtungen, innere Organe, Emotionen, Tugenden und vieles mehr werden zu den Wandlungsphasen in Beziehung gesetzt. Hier ein Beispiel: Der Wandlungsphase Holz gehören der Frühling, der Osten, das Grüne, die Zahl 8, das Saure, die Leber, der Zorn und die Güte an.

Eine zentrale Idee in diesem Konzept ist der wechselseitige Einfluss der Wandlungsphasen aufeinander. Keine Wandlungsphase ist von dem Wirken der anderen getrennt. In spezifischer Weise folgen die Wandlungsphasen aufeinander: Holz erzeugt (oder bringt hervor) Feuer, Feuer erzeugt Erde, Erde erzeugt Metall, Metall erzeugt Wasser, Wasser erzeugt Holz. Ebenso können die Wandlungsphasen einander bezwingen: Wasser bezwingt Feuer, Feuer bezwingt Metall, Metall bezwingt Holz, Holz bezwingt Erde, Erde bezwingt Wasser. Es besteht also ein Kreislauf der Erzeugung und eine Abfolge der Bezwingung. Die Wandlungsphasen sind ein interaktives System und haben auf allen Ebenen des Makrokosmos und Mikrokosmos ihre Entsprechungen. Es ist die Verbundenheit von Zeit und Raum sowie die des gesamten Universums, die durch sie zum Ausdruck kommt.

Das System der fünf Wandlungphasen ist komplex und kann in dieser Einführung nicht ausführlich dargestellt werden. Angemerkt sei jedoch, dass es über Jahrhunderte hinweg immer feiner ausgearbeitet wurde und schon im 2. Jahrhundert v. Chr. im Schrifttum stark vertreten war. Vielen Lesern wird es aus der chinesischen Medizin und Ernährungslehre bekannt sein.

Auch die Daoisten übernahmen diese bis heute lebendige Weltsicht. Ihre Lehren und Praxis zeigen die

Verwobenheit unterschiedlicher Anschauungen: die Vorstellung vom Dao als Absolutes, einer »naturwissenschaftlichen« Erklärung und einem ausgeprägten Götterglauben.

GÖTTER

Der Daoismus ist eine pantheistische Religion. Er kennt unzählige Götter, Geister und Unsterbliche. Daoistische Priester besitzen lange Register, in denen die Götter der jeweiligen Schule und deren Funktionen aufgeführt sind. Einige wichtige Götter sollen hier vorgestellt werden.

Die drei Reinen bilden die höchste Göttertriade. Zu ihr gehören der Himmlische Ehrwürdige des Uranfangs, der Himmlische Ehrwürdige des Numinosen Juwels und der Himmlische Ehrwürdige des Dao und seiner Wirkkraft, d.h. der vergöttlichte Laozi. Der Himmlische Ehrwürdige des Uranfangs bewohnt den Himmel der Jadereinheit, der Himmlische Ehrwürdige des Numinosen Juwels den Himmel der Höchsten Reinheit und der Himmlische Ehrwürdige des Dao und seiner Wirkkraft den Himmel der Größten Reinheit. In der inneren Alchemie stehen diese Götter auch für die reine und ursprüngliche Form der drei vitalen Kräfte Essenz, Lebensenergie und Geist.

Eine weitere Triade ist die der drei Beamten. Ihre Gottheiten sind der Beamte des Himmels, der Beamte der Erde und der Beamte des Wassers. Der Beamte des Himmels verleiht Wohlstand, der Beamte der Erde vergibt Fehler und der Beamte des Wassers verhindert Unglück. Dies tun die drei Beamten allerdings nur, wenn sich ein Mensch nichts hat zuschulden kommen lassen. Wie wir später sehen werden, spielt diese Triade bei den Heilungszeremonien der Himmelsmeister eine große Rolle.

Viele Götter stehen in Beziehung zu Gestirnen, wie beispielsweise die sieben Götter des Sternbilds »Großer Bär«, die dem Menschen Gesundheit und Langlebigkeit gewähren können.

Eine hohe Göttin ist die Königinmutter des Westens. Sie lebt im westlichen Paradies in einem Palast auf den

Gipfeln des mythischen Kunlun-Gebirges. Sie überwacht den Durchgang zu den himmlischen Gefilden und kann den Menschen Langlebigkeit und Unsterblichkeit verleihen. In ihrem Garten wachsen Pfirsiche, die Früchte der Unsterblichkeit.

Neben zahlreichen weiteren Himmelsgöttern gibt es die Unsterblichen, die ehemals sterbliche Menschen waren und dann durch ihre Praxis die Unsterblichkeit erlangt haben. Einige von ihnen wurden vergöttlicht und werden wie Götter verehrt.

Aber auch Naturkräfte, wie der Regen, der Wind oder der Donner, sind von Göttern oder Geistern beseelt. Ein populärer Gott ist der Gott des Herdes, der über das Feuer in der Küche und den Haushalt wacht. Er wird im Allgemeinen im eigenen Haus verehrt. Wie bereits erwähnt, ist auch der menschliche Körper von Göttern bewohnt. Einige Götter haben einen Wohnort im Körper und einen im Himmel und bewegen sich zwischen beiden hin und her.

Manche Götter überwachen und verzeichnen alle Taten, die ein Mensch vollbringt, und ziehen daraus Konsequenzen in Form von Belohnungen und Bestrafungen, etwa indem sie die Lebensspanne eines Menschen verlängern oder verkürzen. Jeder Gott hat eine bestimmte Funktion inne, einen spezifischen Rang und seinen eigenen Wohnort im Universum. Der Himmel ist in verschiedene Bereiche aufgeteilt. Die Anzahl der Himmel unterscheidet sich in den einzelnen daoistischen Schulen. Doch jeder Himmel untersteht einem Gott, der ihn auch bewohnt. Ebenso wird die Unterwelt von Himmelsgöttern regiert. In der Unterwelt weilen Verstorbene, die nicht die Unsterblichkeit erlangt haben. Mit Hilfe der Belehrungen von Himmelsgöttern können sie sich jedoch vervollkommnen und in höhere Gefilde aufsteigen.

Das große daoistische Pantheon veränderte sich im Laufe der Geschichte und ist nicht in jeder daoistischen Schule völlig gleich. Es weist auch regionale Unterschiede auf, denn die Menschen jeder Region verehren zusätzlich eigene lokale Gottheiten.

AUF DER SUCHE NACH UNSTERBLICHKEIT

DIE SEHNSUCHT NACH TRANSZENDENZ

Alle Religionen werden von dem menschlichen Bedürfnis nach Transzendenz gespeist. Im Daoismus fand dieses Bedürfnis in der Suche nach Unsterblichkeit seinen Ausdruck. Unsterblich zu werden ist das Ziel aller Daoisten und dies bedeutet, mit dem ewigen, unvergänglichen Dao eins zu werden. Die Schriften und Lehrer der daoistischen Strömungen zeigen unterschiedliche Wege auf, die Unsterblichkeit zu erreichen, wie etwa die Methoden der Lebenspflege, die Rezitation heiliger Texte und die Meditation. Aber die Ansicht darüber, was unter Unsterblichkeit zu verstehen sei, ist nicht in allen Schulen die gleiche und unterlag in der langen daoistischen Geschichte einem Wandel.

Viele Schriften und Legenden zeugen vom Glauben an eine körperliche Unsterblichkeit. In alchemistischen Laboratorien wurden Versuche unternommen, Unsterblichkeitselixiere herzustellen. Rezepte und Praktiken zur Gewinnung von Unsterblichkeit befinden sich seit jeher im Besitz der Daoisten. Dies ist sicherlich ein Grund, warum zahlreiche Kaiser für den Daoismus großes Interesse zeigten.

Die meisten Daoisten scheinen allerdings nicht davon auszugehen, dass die Unsterblichkeit physischer Natur ist. So vertreten beispielsweise die Anhänger der inneren Alchemie die Ansicht, dass sich im sterblichen Leib durch innere Umwandlung ein »unsterblicher Embryo« bilden und entwickeln kann. Der Leib vergeht, aber das unsterbliche Wesen währt ewig.

Es bestehen unterschiedliche Stufen der Unsterblichkeit, die bildlich in den verschiedenen Kategorien von Unsterblichen zum Ausdruck kommen. So unterscheidet beispielsweise Ge Hong, den wir noch genauer kennen lernen werden, drei Klassen von Unsterblichen: Die niedrigsten sind die irdischen, an die Erde gebundenen Unsterblichen. Die nächsthöheren wohnen auf dem

Berg Kunlun, der Weltachse, und die höchsten Unsterblichen weilen in himmlischen Gefilden.

Es wurden verschiedene Methoden entwickelt, Wege zur Langlebigkeit und Unsterblichkeit zu beschreiten. Einige von ihnen werden unter dem Oberbegriff »das Leben nähren« (*yangsheng*) zusammengefasst.

DAS LEBEN NÄHREN – WURZELN DES QIGONG

Am frühen Morgen begeben sich viele Chinesen in Parks, um Qigong (Ch'i Kung) und Taijiquan (Tai Chi Ch'uan) zu praktizieren. Inzwischen haben auch im Westen zahlreiche Menschen die wohltuende Wirkung dieser Übungen für sich entdeckt. Der Begriff »Qigong« bedeutet »Arbeit am Qi« und wird seit den fünfziger Jahren in China für Praktiken benutzt, deren Wurzeln weit in die Geschichte zurückreichen und die zu den Künsten der Lebenspflege gehören. Philosophische und medizinische Schriften des 4. und 3. Jahrhunderts v. Chr. zeugen davon, dass es bereits damals Methoden gab, deren Ziel die Langlebigkeit war.

Den Künsten der Lebenspflege wie auch der Medizin liegt die Vorstellung zugrunde, dass der Körper von verschiedenen vitalen Kräften durchströmt wird. Die Lebensenergie als solche wird Qi (Ch'i) genannt. Das gesamte Universum ist mit dieser Lebensenergie durchwirkt, der menschliche Körper eingeschlossen. Die Lebensenergie ist die Grundbedingung für das Leben. Wenn sie sich zerstreut, tritt der Tod ein. Sie durchströmt den menschlichen Körper auf bestimmten Bahnen, den Meridianen. Wenn die Lebensenergie nicht mehr ungehindert fließt, können Krankheiten auftreten. Die Akupunktur ist eine Methode, den Fluss der Lebensenergie zu harmonisieren und dadurch Krankheiten zu heilen oder ihnen vorzubeugen. Bei den Künsten der Lebenspflege gilt es, alle vitalen Kräfte, von denen eine wichtige die Lebensenergie ist, zu bewahren und zu stärken, um das Leben zu schützen und zu verlängern. Ebenso spielt die Verfeinerung der Kräfte eine wichtige Rolle, die auch zur Gewinnung der Unsterblichkeit beiträgt.

Zentrale Disziplinen der Lebenspflege sind Bewegungsübungen, Atempraktiken, diätetische Vorschriften und sexuelle Praktiken. Im Rahmen dieser Disziplinen wurden bis heute unzählige Übungen und Rezepte entwickelt. Gymnastische Bewegungen, meistens koordiniert mit dem Atem, Massagetechniken und Atempraktiken sind inzwischen durch die Verbreitung des Qigong bei uns sehr bekannt geworden. Sie harmonisieren und regulieren den Fluss der Lebensenergie, unterstützen die Aufnahme reiner Lebensenergie bei der Einatmung und die Abgabe unreiner Lebensenergie bei der Ausatmung. Im religiösen Kontext sind sie in rituelle Handlungen eingebettet, wie etwa das Verbrennen von Räucherwerk. Durch manche Übungen wirkt der Übende nicht nur positiv auf den Körper ein, sondern nimmt auch Kontakt mit Göttern auf. So ruft er zum Beispiel bei der Übung »Himmelstrommel« jene Götter zum Schutz herbei, die seinen Kopf bewohnen. Im Qigong, das als reine Gesundheitsübung ausgeführt wird, spielen die religiösen Aspekte keine Rolle.

Ein wichtiger Bereich der Lebenspflege ist die gesundheitsfördernde, krankheitsvorbeugende Ernährungsform: die Diätetik. Traditionell ist sie mit dem Verzicht auf Getreide verbunden. Dieser Regel liegt die folgende Vorstellung zugrunde: Im Körper leben »drei Leichendämonen« oder »drei Würmer«, welche die Lebensenergie angreifen. Sie fügen nicht nur dem Körper großen Schaden zu, sondern berichten auch im Himmel von den schlechten Taten des Menschen, damit die Götter seine Lebensspanne verkürzen. Kurzum, ihr Ziel ist ein möglichst schneller Tod des Menschen, in dem sie wohnen. Da sich die drei Leichendämonen von Getreide ernähren, bewirkt der Verzicht auf Getreide sozusagen, dass sie verhungern und dass das Leben des Menschen dementsprechend länger währt.

Bei der daoistischen Diätetik geht es letztlich darum, die gewöhnliche grobstoffliche Nahrung durch feinstoffliche zu ersetzen, d.h. durch bestimmte Arten oder Qualitäten der Lebensenergie, zum Beispiel Sonnenstrahlen oder Tau. Die Einnahme von Drogen ist ebenfalls in diesem Zusammenhang zu verstehen. Drogen sind Arzneimittel aus mineralischen, pflanzlichen und tierischen Stoffen. Sie dienen dem Aufbau der Lebensenergie, die verfällt, wenn jemand keine gewöhnliche Nahrung mehr zu sich nimmt. In Rezepten wird präzise erklärt, aus welchen Bestandteilen Arzneien zusammengesetzt und wie sie zubereitet werden sollen. Ein weiteres diätetisches Verfahren ist das Schlucken von Talisman-Wasser. Hierzu werden wirkkräftige Schrifttalismane verbrannt und ihre Aschenreste in Wasser aufgelöst. Indem ein Mensch das Talisman-Wasser trinkt, führt er seinem Körper diese spezielle Art der Lebensenergie als Nahrung zu.

Des Weiteren spielen sexuelle Praktiken für die Lebenspflege eine wichtige Rolle. Sie basieren auf der Anschauung, dass der Geschlechtsverkehr eine wesentliche Ursache für den Verlust der Essenz ist. Die Essenz stellt das Lebenspotenzial eines Menschen dar und gehört mit der Lebensenergie und dem Geist zu den drei wichtigen vitalen Kräften im Menschen. Bereits im 3. Jahrhundert v. Chr. wurden Texte verfasst, welche die Bedeutung dieser Praktiken herausstellten. Ziel der so genannten Künste des Schlafzimmers ist, das Lebenspotenzial zu bewahren, zu verfeinern und umzuwandeln, um auf diese Weise das Leben zu schützen und zu verlängern.

Die Meister der Techniken und die Daoisten aller Strömungen praktizierten und praktizieren Künste der Lebenspflege. Die Funktion und Stellung dieser Praktiken im religiösen Kontext wurde jedoch von Schule zu Schule unterschiedlich bewertet. Während einige Daoisten sie als wesentliche Voraussetzung für die Erfahrung des Dao betrachteten und sie mit der Meditation verbanden, erachteten andere die Meditation als viel wichtiger und übten etwa bestimmte Praktiken nur als Vorbereitung auf die Meditation aus.[7]

GE HONG UND »DER MEISTER, DER DIE SCHLICHTHEIT UMARMT«

Ge Hong (280–349) war ein Sucher der Unsterblichkeit. Er stammte aus einer aristokratischen Familie aus dem Süden Chinas, wo seinerzeit die Tradition der Meister der Techniken noch lebendig war. Einige seiner Vorfahren zählten zu jenen Meistern der Techniken, die am Hof von Kaiser Wu (reg. 141–87 v. Chr.) tätig gewesen waren. Kaiser Wu selbst hatte großes Interesse an der Unsterblichkeit und der mit ihr verbundenen Praxis gehegt.

Ge Hong ist der Autor eines umfassenden Werkes mit dem Beinamen »Der Meister, der die Schlichtheit umarmt« (»Baopuzi«).[8] In den so genannten inneren Kapiteln widmet er sich dem Daoismus, in den äußeren Kapiteln dem Konfuzianismus. Die inneren Kapitel beschäftigen sich mit religiösen, medizinischen, exorzistischen und alchemistischen Praktiken und sind sehr aufschlussreich hinsichtlich des damaligen Daoismus in Südchina. Hier sollen jedoch nur einige Hinweise auf die Bedeutung der Unsterblichkeit zur Sprache kommen sowie Praktiken, die bisher noch nicht erläutert wurden, aber im Daoismus eine wesentliche Rolle spielen.

Ge Hong betrachtet die Unsterblichkeit als das höchste Ziel des Menschenlebens, die Langlebigkeit als eine Grundbedingung dafür. Unsterblichkeit ist für ihn physischer Natur, ein Prozess, der viele Verwandlungen umfasst. Ein grundlegender Gedanke ist, dass Unsterblichkeit nicht durch das Schicksal bedingt ist, sondern durch eigene Anstrengung erreichbar werden kann. Um sie zu erlangen, muss der Adept fest an sie glauben und wirklich willens sein, den beschwerlichen Weg dorthin zu gehen. Darüber hinaus darf die Lebensführung weder exzessiv noch unmoralisch sein. Da Gesundheit die Langlebigkeit fördert und Langlebigkeit die Unsterblichkeit, gilt es, durch Praktiken der Lebenspflege die Gesundheit zu erhalten. Zum Schutz des Lebens gehört auch die Abwehr unheilvoller Einflüsse, wie Gefahren aus der Umwelt. Der Schutz vor wilden Tieren ist ein Beispiel hierfür. Da die Götter in der Lage sind, Übel abzuwenden, muss der Adept die Formeln kennen, mit deren Hilfe er die Götter herbeirufen kann.

Innere und äußere Reinheit sind eine Voraussetzung für die Ausübung der Praktiken der Lebenspflege. Reinheit wird durch Fasten und Waschungen erlangt, aber auch durch einen Rückzug in die Stille, und zwar in die Stille der Berge oder des Meditationsraums.

Talismanen räumt Ge Hong einen hohen Stellenwert ein. In seinem Werk erklärt er die Bedeutungen und Wirksamkeit verschiedener Talismane und erläutert auch das Talisman-Wasser als stärkendes Mittel für diejenigen, die kein Getreide, bzw. keine grobstoffliche Nahrung mehr zu sich nehmen. Da Talismane im Daoismus bis heute eine wichtige Rolle spielen, soll ihre generelle Bedeutung nun etwas ausführlicher beschrieben werden.

TALISMANE

Anders als unsere westlichen Talismane bestehen die daoistischen Talismane (*fu*) immer aus Schriftzeichen. Der Grund hierfür liegt in dem besonderen Verhältnis der Chinesen zur ihrer Schrift und in der Schrift selbst, die eine Zeichenschrift ist. Zum einen gilt die Schrift als eine göttliche Erfindung. Zum anderen sind viele Schriftzeichen Bilder, die etwas Konkretes repräsentieren. Die Zeichen verkörpern gewissermaßen ihre Bedeutung. Wenn in einem Ritual der Name eines Gottes als Talisman aufgeschrieben wird, dann zeigt sich dieser Gott mit seiner Macht im Schriftzeichen bzw. im Talisman. Als heilige Dokumente stellen Talismane einen Vertrag zwischen Göttern und Menschen dar.

Wie aus alten Texten bekannt ist, wurden Talismane sicherlich seit dem 2. Jahrhundert v. Chr. verwendet. Früher bestanden sie aus Holz, Metall oder Papier. Heute wird nur noch Papier zur Herstellung von Talismanen verwendet. Auf das Material werden keine gewöhnlichen, sondern archaische, stilisierte und symbolische Zeichen geschrieben sowie Muster aus der Natur. Spezielle Regeln bestimmen den Vorgang des Schreibens. So muss der daoistische Priester seinen Geist reinigen und sich konzentrieren, bevor er mit dem Schreiben beginnt. Während der Niederschrift sollte seine Atmung regelmäßig sein. Außerdem muss er zu jedem Strich eine passende Formel aussprechen. Bestimmte

Gesten und Visualisierungen können ebenfalls eine Rolle spielen.

In daoistischen Texten sind unzählige Talismane mit unterschiedlichen Funktionen und Wirkkräften zu finden. Jede Schule hat ihre eigenen Talismane. Es gibt Familien-Talismane, persönliche Talismane, Talismane, die einem Schüler vom Meister übergeben werden, Talismane zur Begleitung von Ritualen und Meditationen und viele andere. Sie unterscheiden sich in ihren Schriftbildern, Bedeutungen, Funktionen und Wirkungen.

Doch über die Funktion der Talismane lässt sich etwas Generelles sagen: Sie schützen ihren Träger, helfen ihm bei Unternehmungen und heilen ihn. Der Schutz bezieht sich auf die Abwehr von Unheil bringenden Kräften, beispielsweise von Krankheiten verursachenden Geistern. Es gibt auch Talismane mit exorzistischen Wirkungen. Daoisten, die in die Berge gingen, um Kräuter zu sammeln, trugen Talismane bei sich, die ihnen halfen, die richtigen Kräuter zu finden, und ihnen Schutz vor wilden Tieren boten. Die Verwendung von Talismanen zur Heilung von Krankheiten ist bis heute weit verbreitet. Wie bei uns gelten einige Talismane als Glücksbringer, etwa bei Prüfungen oder bei der Eheschließung.

Damit die Talismane ihre Wirkkraft voll entfalten können, ist ihr Gebrauch wie auch ihre Anfertigung mit Gesten und dem Aussprechen von besonderen Formeln verbunden. Getragen werden die Talismane um den Hals, am Ellbogen oder am Gürtel. Andere Talismane bekommen einen bestimmten Platz im Rahmen eines Rituals, wieder andere werden in Häusern oder Bäumen angebracht. Wie wir bereits gesehen haben, können Talismane auch verbrannt und ihre Aschenreste eingenommen werden, entweder in Wasser als Talisman-Wasser oder auch, mit Honig gemischt, zu Pillen gerollt.

Schrift-Talismane sind ein wichtiges Verbindungsglied zwischen den Welten. Ihr Gebrauch zeigt die aktive Kommunikation zwischen Menschen und Göttern, die für den Daoismus kennzeichnend ist.[9]

2. ENTFALTUNG DES DAOISMUS

ERSTE DAOISTISCHE ORGANISATIONEN

Mehrere Jahrhunderte lang waren Individuen oder kleinere Gruppen die Träger des Daoismus gewesen. Im 2. Jahrhundert n. Chr. formierten sich nun erstmals in der chinesischen Geschichte große daoistische Organisationen, die Tausende von Anhängern hatten. Eine daoistische Kirche wurde gegründet. Die Verbindung von politischen und religiösen Ideen ist ein wesentliches Merkmal dieses frühen organisierten Daoismus.

DIE GELBTURBANE

DAOISTISCHE REBELLEN

Man stelle sich Folgendes vor: Hunderttausende bewaffneter Männer mit gelben Turbanen, angeführt von einem »General des Himmels«, versuchen, den bestehenden Staat gewaltsam zu zerschlagen und eine neue gesellschaftliche Ordnung zu errichten. Eine solche Szene entspricht wohl kaum unserer gängigen Vorstellung vom Daoismus. Und doch gehörte sie ebenso zur Realität des Daoismus wie etwa die Idee, dass Weiches das Harte überwindet.

Gegen Ende der Han-Zeit entstand unter Führung von Zhang Jue im Osten des Landes die daoistisch inspirierte Bewegung der Gelbturbane, die auch »Weg des großen Friedens« (*Taiping dao*) genannt wurde. Diese daoistische Organisation erfreute sich sehr großen Zulaufs und war eine der größten Volksbewegungen Chinas. Damals wurde das Land von einer schweren Agrarkrise heimgesucht, die zur Folge hatte, dass sich umherirrende Bauern zu Banden zusammenschlossen und in den Provinzen den Frieden bedrohten. Außerdem griffen nach Überschwemmungen am Unterlauf des Gelben

Flusses Seuchen rasch um sich. Von den Gelbturbanen versprachen sich viele Menschen Heil, da diese streng militärisch organisiert waren und überdies die Heilung von Krankheiten in ihrer Ideologie eine wichtige Rolle spielte.

Die Anhänger der Gelbturbane verehrten Huangdi, den Gelben Kaiser, und Laozi. Sie trugen gelbe Turbane, deren Farbe u.a. ein Zeichen der Verehrung des Gelben Kaisers war. Darüber hinaus glaubten die Gelbturbane an das Kommen eines neuen Zeitalters des großen Friedens, woher die Bezeichnung »Weg des großen Friedens« rührt. Sie beriefen sich auf die Ideen aus dem »Klassiker des großen Friedens«.

DER »KLASSIKER DES GROSSEN FRIEDENS«

Der »Klassiker des großen Friedens« (»Taiping jing«) spielte nicht nur bei den Gelbturbanen, sondern auch in der Tradition der Himmelsmeister eine bedeutsame Rolle. Er ist der erste Offenbarungstext in der daoistischen Tradition. Einige seiner Teile gehen auf das 1. bis 2. Jahrhundert n. Chr. zurück.

Im Mittelpunkt der Lehre des »Klassikers des großen Friedens« steht die Idee, dass es im chinesischen Altertum einen idealen Staat gegeben hatte, in dem vollkommene Harmonie und Gleichheit herrschte. Die Regenten leiteten diesen Staat durch das Nicht-Tun und niemand musste etwas entbehren oder Not leiden. Der Grund für die vollkommene Harmonie lag darin, dass die ursprüngliche Lebensenergie ungehindert alles durchströmen konnte.

Durch menschliches Fehlverhalten war der harmonische Zustand des Altertums jedoch verloren gegangen und sollte nun mittels der im »Klassiker des großen Friedens« offenbarten Lehren wieder hergestellt werden. Die Lehren beziehen sich einerseits auf die Politik und Staatsführung, andererseits auf die individuelle Selbstvervollkommnung. Sie stützen sich u.a. auf das Konzept der Lebensenergie und das von Yin und Yang. Es werden zahlreiche Hinweise für eine Lebensführung gegeben, die das ungehinderte Fließen der ursprünglichen Lebensenergie ermöglichen soll, wodurch der Zustand des großen Friedens wieder hergestellt würde. Praktiken der Langlebigkeit, konfuzianische Tugenden, Moralvorschriften, Talismane und Beschwörungen sind einige Mittel der Selbstvervollkommnung, die im »Klassiker des großen Friedens« genannt werden. Jeder einzelne Mensch ist verantwortlich dafür, durch die eigene Vervollkommnung und ein korrektes Verhalten den Boden dafür zu schaffen, dass der Herrscher mittels Nicht-Tun regieren und sich so die universale Harmonie ausbreiten kann.

RELIGIÖSE PRAKTIKEN

Zu den religiösen Praktiken der Gelbturbane gehörten die Rezitation heiliger Texte, das Bekennen von Sünden sowie magische Methoden zur Heilung von Krankheiten. Auch das Sündenbekenntnis stand in direktem Bezug zur Heilung von Krankheiten. Die Ursache von Krankheiten, auch von »Krankheiten« des Staates oder des Kosmos, sahen die Gelbturbane im individuellen menschlichen Handeln, das mit dem kosmischen Energiefluss nicht in Einklang stand. Krankheiten waren demnach Folgen von Sünden. Es gab jedoch auch Geister von Verstorbenen, die ihre Angehörigen krank werden ließen. Dies geschah allerdings nur dann, wenn der Betreffende nicht tugendhaft lebte. Insofern wurden auch diese Krankheitsfälle auf Sünden zurückgeführt. Heilung erfolgte durch magische Zeremonien und Sündenbekenntnisse.

Der Anführer der Gelbturbane, Zhang Jue, nannte sich selbst »Großer Heiliger, exzellenter Lehrer« oder auch »General des Himmels«. Er war selbst ein Heiler, der mit Talismanen Geister bannen konnte. Seinen beiden Brüdern, die mit ihm an der Spitze der Gelbturbane standen, verlieh er die Titel »General der Erde« und »General der Menschheit«. Diese Hierarchie versinnbildlichte die im Daoismus wichtige Dreiheit Himmel – Erde – Mensch. Die Mitglieder wurden in 36 militärische Gruppen mit jeweils zehntausend Mann unterteilt.

Die Missionierung des Volkes spielte bei den Gelbturbanen eine wichtige Rolle. Nach etwa zehn Jahren missionarischer und religiöser Tätigkeit in Ostchina kam es im Jahr 184 zu der geplanten großen Rebellion. Ziel der Gelbturbane war es, die Han-Dynastie zu zerschlagen und eine neue, perfekte Gesellschaft zu errichten. Doch innerhalb eines halben Jahres wurde ihre Rebellion größtenteils niedergeschlagen. Zwar hatten kleine versprengte Gruppierungen noch einige Jahre Bestand, doch vermochte die Bewegung nicht mehr lange zu überdauern.

DER DAOISMUS DER HIMMELSMEISTER

ZHANG DAOLING BEGEGNET LAOZI

Etwa zur Zeit der Bewegung der Gelbturbane entstand im Westen des Landes, in Sichuan, eine weitere daoistische Organisation: der »Weg der Himmelsmeister« (*Tianshi dao*). Sie besteht bis zum heutigen Tag fort. Der derzeitige Himmelsmeister lebt in Taiwan und ist dort eine wichtige religiöse Autorität.

Zhang Daoling (2. Jh. n. Chr.) war der Gründer des »Weges der Himmelsmeister«, der ersten daoistischen Kirche. Obwohl die Anhänger der Himmelsmeister Elemente aus dem volkstümlichen Daoismus übernahmen, wendeten sie sich strikt gegen ihn. Ihre eigene Religion verstanden sie als die rechtmäßige, weshalb sie auch »Tradition der Orthodoxen Einheit« (*Zhengyi*) genannt wurde.

Als Zhang Daoling im Heming-Gebirge in Sichuan das Dao studierte, suchte ihn plötzlich Taishang Laojun, der vergöttlichte Laozi, auf. Dieser erteilte Zhang den Auftrag zur religiösen Führung und Bekehrung der Menschen sowie zur Vertreibung von Dämonen. Er verlieh ihm den Titel »Himmelsmeister«. So wurde Zhang Daoling im Jahr 142 n. Chr. Oberhaupt der ersten daoistischen Kirche. Der Titel und die mit ihm verbundene Stellung wurden vom Vater auf den Sohn vererbt. Während Zhang Daoling der Gründer der Kirche ist, gilt sein Enkel Zhang Lu, der dritte Himmelsmeister, als ihr Organisator.

HIERARCHIE UND VERWALTUNG

Eine strenge Hierarchie kennzeichnete die Organisation der Himmelsmeister. Der Himmelsmeister selbst war der Auserwählte, der Vertreter von Laozi in der Menschenwelt. Er empfing Unterweisungen vom Himmel und gab sie an seine Anhänger weiter. Bewiesenermaßen Gläubige belehrten dann weitere Menschen. Die Unterweiser hießen »Weinzuteiler« oder »Libateure« und waren auch für die Verwaltung zuständig. »Dämonen« nannte man diejenigen, die neu in die Gemeinschaft aufgenommen wurden.

Wie die Gelbturbane strebten auch die Himmelsmeister die Errichtung einer idealen Gesellschaft und Regierung auf der Grundlage von Religion und Moral an. Es gelang ihnen, in Westchina einen theokratischen Staat zu gründen, den sie mehrere Jahrzehnte aufrechterhalten konnten. Sie teilten den Staat in 24 Bezirke ein, die jeweils von einem Beamten verwaltet wurden. Den Beamten unterstand eine bestimmte Anzahl Generäle, Offiziere und Soldaten. Das Verwaltungssystem dieses theokratischen Staates war in kosmologischen Ideen verankert. Die Bezirke stellten nicht nur administrative, sondern auch religiöse Einheiten dar. An der Spitze des Staates stand der Himmelsmeister, der gleichzeitig politische und religiöse Autorität war. Der erste Himmelsmeister forderte von seinen Anhängern Steuern, wie etwa die Abgabe von fünf Scheffel Reis, nach der diese Strömung auch »Fünf-Scheffel-Reis-Bewegung« (*Wudoumi dao*) genannt wurde.

Wie bei den Gelbturbanen spielte die Missionierung auch bei den Himmelsmeistern eine große Rolle. Es wurden Herbergen errichtet, in denen man umsonst Nahrung und eine Schlafstätte erhielt. Allerdings durfte ein jeder nur seinen Hunger stillen und keinesfalls übermäßig essen, da ihn sonst Krankheiten ereilen würden.

Die Verwaltung der Herbergen oblag den Weinzuteilern, die ebenfalls religiöse Aufgaben hatten. Zur geistlichen Unterweisung der Gäste rezitierten sie heilige Texte, vor allem das »Daode jing«. Außerdem nahmen sie Gästen die Beichte ab.

SÜNDE, SÜHNE UND KRANKENHEILUNG

Wie alle Daoisten betrachten die Anhänger des Himmelsmeister-Daoismus das Dao als das Absolute und den Urgrund der Welt. Das Dao ist den Göttern des umfangreichen Pantheons übergeordnet. Götter bewohnen das gesamte Universum, etwa die Sterne, die Himmelsrichtungen, die Erde, das Wasser, die Tiere und den menschlichen Körper. Es existieren umfangreiche Register der Götter und ihrer Funktionen. Bis heute gehören solche Register zur notwendigen Ausstattung eines Himmelsmeisters oder daoistischen Priesters, denn sie ermöglichen ihm, mit den entsprechenden Göttern in Verbindung zu treten. Seit den Anfängen dieser Kirche gelten der Himmelsmeister und die daoistischen Priester als Vermittler zwischen der Götter- oder auch Geisterwelt und den Menschen.

Als die Tradition der Himmelsmeister entstand, erfuhr sie starken Zulauf aus der einfachen Bevölkerung. Ein Grund hierfür liegt darin, dass die Krankenheilung eine zentrale Rolle in der Lehre und Praxis dieser Tradition spielte. Krankheiten galten als eine Folge von Sünden. Geheilt wurden sie durch die Beichte und magische Zeremonien. Zur Sühne erhielten die Betreffenden eine Strafe in Form einer Arbeit für das Gemeinwohl. Der Idee der Sünde und Sühne im Daoismus begegnen wir erstmals in dieser Zeit.

Die Lehre der Himmelsmeister besagt, dass die Götter die Lebensjahre der Menschen festlegen. Je tugendhafter ein Mensch ist, desto länger darf er leben. Armen zu helfen, heilige Texte zu rezitieren, in der Lebenshaltung mäßig zu sein und die Natur zu schützen sind einige der erwünschten Tugenden. Besonders wichtig ist es, das Leben, den natürlichen Fluss des Lebens zu erhalten. Der

Mensch nimmt im kosmischen Geschehen eine zentrale Position ein und ist daher für den harmonischen Fluss der Lebensenergie im Kosmos mit verantwortlich. Er sollte das Gleichgewicht von Yin und Yang oder das natürliche Wechselspiel der fünf Wandlungsphasen nicht stören. Verstanden wurde dies in früher Zeit sehr konkret. Ein Beispiel: Wenn Männer (Yang) auf dem Marktplatz (Yin) zu viel Wein (Yin) trinken, dann schädigen sie das Yang und die soziale Ordnung kommt durcheinander. Ein weiterer Aspekt der Erhaltung des Lebensflusses ist die Weitergabe der empfangenen Lehren an andere Menschen.

Wenn sich nun ein Mensch eines Vergehens schuldig macht, so wird dieses sogleich von den Göttern in Registern vermerkt. Die Kunde von dem Vergehen wird dem Himmel durch jene Götter überbracht, die im menschlichen Körper wohnen. Neben Bußritualen und Götteranrufung galten, wie erwähnt, die Beichte und der Vollzug guter Taten als Möglichkeiten der Sühne.

RELIGIÖSE VERSAMMLUNGEN

Gemeinschaftliche Versammlungen waren ein weiterer wichtiger Aspekt dieser Tradition. Die kollektiven Zeremonien bestanden aus der Verkündigung der Lehre, Rezitationen heiliger Texte, Gebeten, Fasten oder gemeinsamen, streng hierarchisch geordneten Festmahlen zur Huldigung der Götter, den so genannten Küchen.

Bei den drei wichtigsten Versammlungen im Jahr, die mehrere Tage dauerten, stand die Krankenheilung im Mittelpunkt. Neben den schon erwähnten Praktiken der Krankenheilung war die Kommunikation mit den Göttern wichtig. Die Priester sandten Bittschriften an drei Götter, die »Drei Beamten« des Himmels, der Erde und des Wassers. Zunächst wurde ein Schriftstück in dreifacher Ausfertigung aufgesetzt. Der Priester ließ es dann dem Himmel zukommen, indem er es verbrannte und der Rauch die Botschaft nach oben trug oder indem er es auf der Spitze eines Berges platzierte. Die zweite, für die Erde bestimmte Kopie wurde vergraben, die dritte für das Wasser einem Gewässer übergeben.

Um den Fluss der Lebensenergie nicht zu unterbrechen, zählte es zu den wichtigsten Aufgaben der Menschen, Nachkommen zu zeugen. Die harmonische Vereinigung der Energien fand ihren Ausdruck auch in Zeremonien, die »Vereinigung (oder: Harmonisierung) der Lebensenergien« (*heqi*) genannt wurden. Diese sexuellen Zeremonien begannen mit dreitägigem Fasten, begleitet von Gebeten, Meditationen, Götteranrufungen sowie Atempraktiken. Sie mündeten in die Vereinigung der Paare. Die Partner wurden von einem Meister bestimmt, der ebenfalls den gesamten Ablauf des Rituals streng regelte. Der Vorgang der Vereinigung ähnelte in seiner Choreografie einem heiligen Tanz. Durch bestimmte Handlungen wurden die Ordnung des Kosmos und ein kosmisches Geschehen offenbart und der Mensch in eine Beziehung zur Weltordnung gesetzt. Die Vereinigung der Lebensenergien galt ebenfalls als eine Möglichkeit zur Bildung eines unsterblichen »Körpers« im vergänglichen Leib.

Weitere religiöse Praktiken der Himmelsmeister waren der Exorzismus, Atem- und Ernährungspraktiken sowie die Meditation. Eine Form der Meditation bestand in der Visualisierung der Körpergottheiten. Viele Praktiken werden bis heute ausgeübt, einige in abgewandelter Form. Die gemeinsamen Festmahle sowie die Zeremonien zur »Vereinigung der Lebenskräfte« verschwanden etwa im 6. Jahrhundert n. Chr.

VERBREITUNG DER LEHRE UND PRAXIS

Als sich der dritte Himmelsmeister Zhang Lu im Jahr 215 der Autorität von Cao Cao (155–220) unterwarf und ihn als Kaiser akzeptierte, fand zwar der theokratische Staat der Himmelsmeister sein Ende. Die Religion der Himmelsmeister wurde jedoch anerkannt und verbreitete sich durch die Umsiedlung vieler Familien, die dieser Religion angehörten, im ganzen Land. Der Himmelsmeister-Daoismus, dessen Anhängerschaft sich aus dem einfachen Volk zusammengesetzt hatte, gelangte nun auch in adlige Kreise.

In Südchina gab es zu jener Zeit keine zentrale Organisation des Himmelsmeister-Daoismus, sondern nur Gruppen oder Einzelpersonen, die sich diesem Weg zugehörig fühlten und ihn praktizierten. Der Weg der Himmelsmeister, wie er oben beschrieben ist, wurde im Norden des Landes weitergeführt.

Eine Blütezeit erreichte der Daoismus der Himmelsmeister durch Kou Qianzhi (365–448), der dieser Tradition eine neue religiöse Richtung gab. Er verfasste eine Schrift, die als neuer Kodex im Land verkündet wurde. In dieser Schrift wendete er sich gegen einige Praktiken der drei ersten Himmelsmeister, wie die Erhebung von Steuern, die Küchen und die sexuellen Zeremonien. Er betonte die Wichtigkeit der Rezitation heiliger Texte, unter denen das »Daode jing« den Vorrang hatte. Des Weiteren stellte er Regeln auf, die sich auf Moral, Riten und die Formulierungen von Bittschriften an die Götter bezogen. Kou Qianzhi erreichte, dass der Daoismus der Himmelsmeister in der Nördlichen Wei-Dynastie zur Staatsreligion erhoben wurde. Zu dieser Zeit wurden auch die ersten Klöster gegründet.

Die damalige Blüte währte nur etwa hundert Jahre. Die Tradition der Himmelsmeister verlor in den folgenden Jahrhunderten an Bedeutung, aber sie lebte weiter. Im Laufe der Zeit veränderten sich ihre Struktur und Lehre. Die Tradition wurde neu belebt und erfuhr vom 14. bis zum 16. Jahrhundert große Unterstützung seitens der Kaiser. Die Kirche der »Orthodoxen Einheit« ist heute eine Hauptströmung des gelebten Daoismus.[10]

DER DAOISMUS DER HÖCHSTEN KLARHEIT

OFFENBARUNG HEILIGER SCHRIFTEN

In den Jahren 366 bis 370 erschienen einem Mann namens Yang Xi (330–386), über den kaum etwas bekannt ist, himmlische Wesen, Götter und Unsterbliche aus dem Himmel der Höchsten Klarheit. Sie diktierten ihm heilige Schriften, die zur Grundlage der daoistischen Schule der Höchsten Klarheit (*Shangqing*) wurden. Diese heiligen Schriften hatten als ihren Ursprung die höchste Leere, aus der sie spontan hervorgegangen waren. Dabei verwandelte sich die ursprüngliche Lebensenergie zunächst in Lichtstrahlen. Die Lichtstrahlen verdichteten sich zu Wolken(-siegeln), welche die Götter dann in besonderen Zeichen aus Jade auf goldene Tafeln schrieben. Sehr lange Zeit wurden die heiligen Schriften nur von Gottheit zu Gottheit überliefert, bis sie schließlich in der Yang Xi gewährten Offenbarung zur Menschheit gelangten. Die Weitergabe dieser heiligen Schriften innerhalb der Schule der Höchsten Klarheit wurde mit größtem Ernst vollzogen. Denn nicht jeder durfte in ihren Besitz gelangen, sondern allein diejenigen, die ihrer würdig waren. In einem Ritual übertrug sie der Meister an einen erprobten Schüler, der sich vertraglich verpflichten musste, sie ebenfalls nur an Würdige weiterzugeben. Durch die unrechtmäßige Überlieferung der Schriften verwirkte der Adept ein für allemal seine Möglichkeit, die Unsterblichkeit zu erlangen.

Die heiligen Schriften der Höchsten Klarheit standen im Mittelpunkt dieser Schule und waren zentraler Bestandteil des religiösen Lebens des Einzelnen. Sie führten den Adepten auf seinem spirituellen Weg und hatten somit eine Funktion, die in anderen Schulen der Meister verkörpert. Ihr Besitz gewährte den Schutz der Götter und verpflichtete gleichzeitig dazu, die Schriften zu verehren, sie zu rezitieren und deren Lehren zu praktizieren.

EINE SCHULE ENTSTEHT

Nachdem Yang Xi die Offenbarungen erhalten hatte, übergab er die Schriften der Familie, für die sie bestimmt waren. Im Laufe der nächsten Jahrzehnte wurden die Schriften an immer mehr Menschen bzw. Familien verteilt. Da inzwischen Fälschungen aufgetaucht waren, strebten die Patriarchen der Schule danach, die Originalschriften wiederzuerlangen. Über hundert Jahre nach der ursprünglichen Offenbarung sammelte der neunte Patriarch Tao Hongjing (456–536) die Schriften der Höchsten Klarheit, schied die unechten von den echten und klassifizierte sie.

Der Daoismus der Höchsten Klarheit verbreitete sich in Adelskreisen, zunächst in Südchina, wo sich sein Zentrum befand, später im ganzen Land. Seine Mitglieder waren hochgebildete Männer bedeutender Familien. Zahlreiche Patriarchen der Schule standen in der Gunst der Kaiser, die sie unterstützen und ihnen Klöster bauen ließen. Es bildeten sich religiöse Zentren, vielfach auf heiligen Bergen wie dem Maoshan, die einen regen Zustrom von Pilgern erfuhren. Die Klöster und Gemeinschaften waren allen Gläubigen zugänglich, auch Verheirateten, Frauen und Laien. Innerhalb der daoistischen Welt gewann der Daoismus der Höchsten Klarheit außerordentliches Ansehen.

WENDUNG NACH INNEN

Die Säulen der Lehre dieser religiösen Schule sind die Tradition der Himmelsmeister sowie die Suche nach Unsterblichkeit. Überlieferte kosmologische Vorstellungen wie das Konzept von Yin und Yang oder der fünf Wandlungsphasen wurden beibehalten, viele Elemente der bisherigen religiösen Praxis übernommen und weiterentwickelt. Doch die Ausrichtung dieser Schule unterschied sich von derjenigen der bisherigen Strömungen.

Der Daoismus der Höchsten Klarheit orientierte sich sehr nach innen und räumte der Meditation großen Raum ein. Angesichts dieser starken Verinnerlichung rückten die Methoden zur Lebenspflege in den Hintergrund, wenngleich sie weiterhin ausgeübt wurden. Viel wichtiger als Rituale zu vollziehen, bestimmte Zeiten für die Übungen einzuhalten oder die Einsamkeit in der Natur aufzusuchen war die innere Praxis als solche, die sich im eigenen Herzen ereignen musste. Die individuelle Vervollkommnung hatte absolute Priorität. Sie geschah im Rahmen der Meditation und der Anrufung und Anbetung der Götter.

GÖTTERWELT

Die Hymnen, die im Daoismus erstmals in den heiligen Schriften der Höchsten Klarheit zu finden sind, zeigen ein inniges, lobpreisendes und freudiges Verhältnis des Gläubigen zu den Göttern. Jede Meditation beginnt mit Gebeten an die Götter, die während der Meditation und der Rezitation heiliger Schriften visualisiert werden. Die Vorstellungskraft richtet sich dabei vor allem auf die Gottheiten im eigenen Körper. Über die Vielzahl der Körpergötter herrschen die Drei Ursprünglichen, die jeweils ein Zinnoberfeld bewohnen. Die drei Zinnoberfelder sind wichtige Energiezentren im menschlichen Körper. Allen Körpergottheiten übergeordnet ist der Höchste Eine, der an unterschiedlichen Stellen im Körper lokalisiert ist und im Himmel seine Heimat im Sternbild des Großen Bären hat.

So wie der menschliche Körper ist auch das gesamte Universum von Göttern bewohnt und belebt, die im Daoismus generell als feine Qualitäten der Lebensenergie verstanden werden. Im Mittelpunkt des Pantheons steht eine Gruppe von 74 Himmelsgöttern, den wichtigsten Vermittlern zwischen Himmel und Mensch. Die Hauptgötter sind der Himmelskönig des Uranfangs, der Allerhöchste Herr des Großen Dao und der Kaiserliche Herr. Götter der Sterne und der Himmelsrichtungen spielen eine wichtige Rolle, ebenso die Registergötter. Letztere, fünf im Körper ansässige Götter, können den Namen des Adepten in das Register des Lebens eintragen und ihm somit Unsterblichkeit sichern. Die Aktualisierung des Lebens- und Todesregisters wird regelmäßig auf großen himmlischen Versammlungen vorgenommen, an denen zahlreiche Götter teilnehmen. Die Tage der himmlischen Versammlungen wurden im Daoismus der Höchsten Klarheit ganz besonders für eine intensive religiöse Praxis genutzt.

Das Ziel der Daoisten der Höchsten Klarheit ist es, mit Hilfe religiöser Praktiken Unsterblichkeit zu erlangen. Die Schriften leiten den Gläubigen hierzu an, göttliche Gnade kann wohl hilfreich dazukommen, doch im Wesentlichen ist der Einzelne selbst für sein Leben verantwortlich.

SELBSTBESTIMMUNG UND VERANTWORTUNG

Die Lehre des Daoismus der Höchsten Klarheit geht von der Annahme aus, dass der Mensch sein Schicksal selbst bestimmen kann. Durch Meditationen und verdienstvolle Taten vermag er zur Unsterblichkeit zu gelangen. Der Mensch wird jedoch nicht als allein stehendes Wesen betrachtet, sondern als Glied seiner Familie, zu der auch die Vorfahren gehören. Er trägt die Verdienste und die Vergehen seiner Ahnen im Leben weiter. Andererseits hat seine Lebensführung Einfluss auf das Dasein seiner verstorbenen Vorfahren, die auch nach dem Tod für seine Vergehen bestraft werden können. Insofern hat jeder Mensch Verantwortung für sich selbst, für seine Vorfahren und Nachfahren. An seiner Erlösung kann und sollte er aktiv arbeiten.

Jedem Menschen wohnt das Göttliche inne, weshalb er Unsterblichkeit erlangen und ein Heiliger werden kann. Es handelt sich in dieser Lehre nicht um körperliche Unsterblichkeit, sondern um die Unsterblichkeit des Herzens, die als mystische Erfahrung verstanden wird. Dennoch sind die Beschreibungen, die von den Unsterblichen gegeben werden, sehr bildhaft und erinnern an die frühen Werke des Daoismus. So ist der Unsterbliche, der Heilige, etwa mit einem Federgewand bekleidet, er reitet auf Licht und ist für Naturgewalten unantastbar. Ein weiteres Kennzeichen der Unsterblichkeit ist die Fähigkeit, beliebige Gestalten anzunehmen, wozu auch die Verwandlung in Licht oder Wolken gehört. Als ein mystisches Ereignis findet dieses Phänomen seinen Ausdruck in den Worten »das Seiende verlassen und in das Nicht-Seiende eintreten«.

AUF DEM WEG ZUR UNSTERBLICHKEIT

Um das höchste Ziel zu verwirklichen, übernahm der Daoismus der Höchsten Klarheit wie bereits erwähnt verschiedene religiöse Praktiken früherer Strömungen und entfaltete sie weiter. Er entwickelte aber auch eigene neue Wege. Zu den wichtigsten gehören die Auflösung der embryonalen Knoten, die ekstatischen Himmelsreisen und verschiedene Formen der Meditation.

AUFLÖSUNG EMBRYONALER KNOTEN

Leben bedeutet den freien Fluss der Lebensenergie, Krankheit deren Hemmung und der Tod die völlige Erschöpfung dieser Energie. Nach der Lehre des Daoismus der Höchsten Klarheit entstehen beim Embryo zwölf Knoten, die den vitalen Energiefluss hemmen und eine Todesenergie in sich aufnehmen. Diese Knoten gilt es aufzulösen, um dem Tod den Nährboden zu entziehen.

Eine Methode der Auflösung besteht darin, sich in das embryonale Stadium zurückzuversetzen und die Entwicklung des Embryos spirituell nachzuerleben. In jedem der neun Monate empfängt der Adept die Energie eines der neun Himmel, wodurch sein Leib verfeinert und umgewandelt wird. Während dieser Zeit betet er unermüdlich zu seinem ursprünglichen Vater und seiner geheimnisvollen Mutter. Diese beiden kosmischen Wesen, das reine Yang und das reine Yin, werden zu seinen neuen Eltern. Es entsteht so ein unsterblicher Körper aus Jade.

Die zweite Methode zur Erlangung der Unsterblichkeit ist die Visualisierung lichter Körpergottheiten, welche die Knoten zerstören oder sie verschließen, damit keine Todesenergie eintreten kann. Unerlässlich bleibt die Kontemplation über die eigenen Vergehen, denn sie löst nicht nur die Knoten, sondern bewegt auch die Götter dazu, den Namen des Adepten in das Lebensregister einzutragen.

Um den Körper der Unsterblichkeit zu ernähren, bedarf es einer feineren Nahrung als der gewöhnlichen. Daher absorbiert der Adept kosmische Energien wie etwa das Licht der Sterne. Diese feinstoffliche Nahrung soll schließlich die grobstoffliche Nahrung völlig ersetzen.

Im Daoismus der Höchsten Klarheit gibt es die Vorstellung, dass die Unsterblichkeit schon während des Lebens erlangt werden kann. Wer jedoch das letzte Ziel in seinem Leben nicht zu verwirklichen vermag, der hat die Möglichkeit, auch nach dem physischen Tod Heil zu erlangen. So kann der Verstorbene eine Übergangsphase durchleben, in der er vollständig geläutert wird, bis sich schließlich die Neugeburt zum Unsterblichen ereignet. Eine weitere Möglichkeit besteht darin, dass er erst lange Zeit nach seinem Tod als Unsterblicher geboren wird. Die Idee der Wiedergeburt bezieht sich hier also nicht auf eine Wiedergeburt auf der Erde, sondern auf eine Neugeburt in einem der Himmel. Die Lehre des Daoismus der Höchsten Klarheit kennt 36 Himmel. Sie verspricht ihren Anhängern Zugang zu einem Himmel, der höher als alle bislang bekannten Himmel ist, nämlich dem Himmel der Höchsten Klarheit.

EKSTATISCHE REISEN DURCH DEN KOSMOS

Sehr typisch für den Daoismus der Höchsten Klarheit sind die ekstatischen Reisen des Adepten. Im Geiste durchquert er alle Gefilde des Kosmos, begibt sich bis ans Ende der Welt, auf die Inseln der Unsterblichen oder zur Weltachse, dem Berg Kunlun. Talismane, Karten und Führer weisen ihm den Weg. Überall begegnet er göttlichen Wesen, die ihm die feinstoffliche Nahrung der Unsterblichen zur Verfügung stellen. Zuweilen bittet er die Götter, in seinen Meditationsraum und seinen Körper hinabzusteigen, um ihn zu ernähren.

Der Adept reist auch zu den Gestirnen, den Ländern der Unsterblichkeit. Dort zeichnet er Talismane, die er später verschluckt, vollzieht Reinigungen und erhält Unsterblichkeitsnahrung. Diese Reisen werden an bestimmten Tagen ausgeführt, wie etwa den Tagen der Sonnenwende.

Die Sonne als Yang und der Mond als Yin stellen eine Dualität dar. Als Symbol für die Einheit und das Zentrum der Welt steht der Große Bär, der mit Sonne und Mond eine Dreiheit bildet. Er ist die Heimat des Höchsten Einen. Seine Bewegungen zeigen die rhythmische Ordnung der Welt an und die religiösen Handlungen orientieren sich daher an diesem Sternbild. Auf jedem Stern des Großen Bären befindet sich ein Paradies. Im Zusammenhang mit diesem Sternbild haben sich verschiedene Praktiken entwickelt. Der Große Bär bietet Schutz gegen unheilvolle Einflüsse und Geister und wird vom Adepten in dieser Funktion angerufen. Eine bedeutende Praxis ist das Beschreiten des Großen Bären gemäß dem »Schritt des Yu«, einem alten exorzistischen Tanz. Im Daoismus der Höchsten Klarheit ist diese Praxis mit bestimmten Vorstellungen von Zeit und Raum, Kosmos, Mensch und Göttern verbunden und hat verschiedene Funktionen. Eine von ihnen besteht darin, durch den Tanz die Vereinigung von Himmel, Erde und Mensch zu bewirken.

MEDITATION

Die Meditation ist die wesentliche Praxis dieser Schule. Die Formen der Meditation, für die es konkrete Vorschriften gibt, sind verschieden. Die wichtigste jedoch umfasst die Visualisierung von Göttern, deren Namen und jeweilige »Gestalt« der Adept den heiligen Schriften entnimmt.

In erster Linie visualisiert der Adept die Götter in seinem Körper. Jeder Gott wohnt in einem bestimmten Körperbereich, etwa im Herzen oder in der Milz. Die Vielzahl der Götter ist ein Zeichen der Vielfältigkeit und Komplexität des Menschen. Das Ziel der Visualisierung liegt darin, die ungeschiedene Einheit zu gewinnen. Die Körpergötter, die alle übrigens auch einen Wohnort im Himmel haben, und der Körper selbst sollen eins werden. Ebenso sollen alle Körpergötter miteinander zu göttlicher Einheit verschmelzen, zum »Höchsten Einen«. Des Weiteren wird die Einheit der Körpergötter und der Himmelsgötter angestrebt, deren Vereinigung auf der Wirkung der ursprünglichen Lebensenergie in der Form des »göttlichen Windes« beruht.

Die Visualisierung der Körpergottheiten kann mit der Rezitation von Texten Hand in Hand gehen. Jedes Mal, wenn der Adept eine Passage über einen Gott rezitiert, visualisiert er ihn, seine Merkmale und Qualitäten. Eingeleitet wird die Meditation durch die Anrufung von Göttern, die im Meditationsraum bestimmte Plätze einnehmen und dem Adepten Schutz gewähren.

Bei dieser Praxis spielt die auf schöpferische Weise konzentrierte Vorstellungskraft eine große Rolle. Körper und Geist werden in gleichem Maße in die Meditation einbezogen. Aufmerksamkeit und Imagination sind aktiv auf etwas innerlich Reales gerichtet. Sie verlieren sich also nicht in Spekulationen, sondern sind in einer Körperempfindung verankert. Das Visualisierte wird zu konkreter Erfahrung. Durch die aktive Imagination der Götter, die subtile Lebenskräfte sind, werden Energien aktiviert und animiert, umgewandelt und verfeinert. Dem Adepten eröffnet sich dabei in den »Gestalten« der Götter eine Dimension, die seine menschliche Dimension geheimnisvoll überschreitet.

VERÄNDERUNGEN DER LEHRE

Die obigen Ausführungen beziehen sich auf den Daoismus der Höchsten Klarheit in seiner ursprünglichen Form. Diese wandelte sich jedoch in den folgenden Jahrhunderten. Im 13. und 14. Jahrhundert gewann der Weg der Himmelsmeister wieder größere Bedeutung als die Schule der Höchsten Klarheit, in der sich damals tief greifende, schon seit dem 5. Jahrhundert keimhaft angelegte Änderungen vollzogen. Die Schule wurde zunehmend institutionalisiert. Dadurch verlor die individuelle Praxis an Bedeutung. Rituale entstanden, Bittschriften an Götter nahmen den Platz der früheren Gebete und Lobpreisungen an. Moralische Richtlinien gewannen an Bedeutung. Neue Texte mit Elementen aus den anderen daoistischen Strömungen wurden in die Sammlung der offenbarten poetischen Schriften eingefügt. Kurzum, ursprüngliche, wesentliche Merkmale der Schule der Höchsten Klarheit gingen verloren. Ungeachtet dessen haben die Schriften und die Meditationsmethoden dieser Schule den Daoismus tief greifend beeinflusst. Andere Schulen griffen die Lehren und Praktiken auf, entwickelten sie weiter und integrierten sie in ihre eigene Tradition.[11]

DER DAOISMUS DES NUMINOSEN JUWELS

EINE NEUE TRADITION ENTSTEHT

Der Daoismus des Numinosen Juwels (*Lingbao*) entstand Ende des 4. Jahrhunderts n. Chr., etwa zur gleichen Zeit wie der Daoismus der Höchsten Klarheit, und stellte im chinesischen Mittelalter eine der Hauptschulen des Daoismus dar. Die Tradition des Numinosen Juwels bildete sich um eine Sammlung von 40 Texten, die aus jener Zeit stammen. Einige der Schriften enthalten jedoch Textmaterial, das auf das 2. Jahrhundert n. Chr. zurückgeht.

Der Begriff »Lingbao«, der Name dieser Schule, kommt von einem gleich lautenden, aber anders geschriebenen Wort, das einen »Bewacher des Numinosen« bezeichnete. Bewacher des Numinosen spielten im alten China eine Rolle im Zusammenhang mit dem Ahnenkult und sie wurden schon in den »Elegien von Chu« besungen. Es waren medial begabte Menschen, die mit Geistern Kontakt aufnehmen und die Geistseelen der Toten überwachen konnten. Sie glichen den »Schamanen« und waren »geistige« Vorfahren der Meister der Techniken. Die Tradition des Numinosen Juwels hat viele Elemente der Weltsicht und Praxis der Meister der Techniken aufgegriffen. Ebenso treten buddhistische Einflüsse zutage.

Neun Texte aus dem Schrifttum dieser Schule werden auf die Überlieferungslinie von Ge Xuan (2. Jh. n. Chr.), einem Meister der Techniken, zurückgeführt. Ge Xuan, dem Großonkel von Ge Hong, soll die »Erläuterung der fünf Talismane« (»Wufu xu«) offenbart worden sein. Die fünf Talismane stehen mit den fünf Himmelsrichtungen in Beziehung und sind für die Schule des Numinosen Juwels von besonderer Bedeutung. Die »Erläuterung der fünf Talismane« enthält antike Mythen, Beschreibungen der Praktiken der Langlebigkeit und Erklärungen zu den fünf Talismanen.

Ge Chaofu, ein Nachkomme von Ge Hong in der zweiten Generation, überarbeitete die fünf Talismane und erweiterte und verstärkte deren Wirkkräfte. Wer diese erneuerten Talismane benutzte, hatte mit ihrer Hilfe Macht über die Register der Unsterblichen, konnte sich in die Unterwelt begeben oder Fluten verhindern – um einige Beispiele zu nennen. Ge Chaofus Text trägt den Titel »Vollkommener Text des Numinosen Juwels in fünf Tafeln, geschrieben in Rot« (»Lingbao chishu wupian zhenwen«) und bildet mit anderen Werken, die in den folgenden Jahrzehnten entstanden, das Schrifttum der Schule des Numinosen Juwels. Lu Xiujing (406–477), ursprünglich ein Anhänger des Himmelsmeister-Daoismus, ordnete die relativ ungeordnet zusammengestellten, vielschichtigen Schriften des Numinosen Juwels und widmete sich der Organisierung des Rituals.

INTEGRATION DES BUDDHISMUS

Die alte Lehre von den fünf Wandlungsphasen als Prinzipien, die Raum und Zeit ordnen, und ihre Übertragung auf kosmologische Vorstellungen bildeten eine sehr wichtige Grundlage der Lehre des Numinosen Juwels. Der Raum ist in fünf Himmelsrichtungen gegliedert, die zyklische Zeit in fünf Phasen, die je von einem Kaiser beherrscht werden. Die zeitlichen Phasen und räumlichen Bereiche stehen in einer Entsprechung zu den Wandlungsphasen. Es bestand eine traditionelle Einteilung der Zeit in Kulturzyklen, welche die Lehre des Numinosen Juwels mit der buddhistischen Vorstellung von Weltzeitaltern vermischte.

Der Buddhismus hat auf den Daoismus des Numinosen Juwels großen Einfluss ausgeübt. So wurden Begriffe und Konzepte des Mahāyāna-Buddhismus übernommen, allerdings nicht in ihrer reinen, gelehrten indischen Bedeutung, sondern in einem der daoistischen oder chinesischen Weltsicht angepassten Sinn. Zur damaligen Zeit betrachteten die Daoisten den Buddhismus übrigens als eine Form des Daoismus, die sich entwickelt hatte, als Laozi auf seiner Reise in den Westen die Barbaren bekehrte.

Bislang hatte im Daoismus das Ringen um individuelle Vervollkommnung an erster Stelle gestanden. Denn die Daoisten, wie übrigens auch die Konfuzianer, sahen in der eigenen Vollkommenheit die Bedingung dafür, andere Menschen zur Vollkommenheit führen oder einen Staat angemessen regieren zu können. Mit dem Buddhismus drang nun die Idee in das daoistische Denken ein, das universelle Heil habe Vorrang vor dem persönlichen Heil. Dieser Wandel war auch in den Ritualen zu bemerken, von denen viele dem Wohl der Menschheit gewidmet wurden. Eine ganz besondere Bedeutung kam der Errettung der Ahnen zu.

Die Wichtigkeit der Selbstvervollkommnung und das Ziel der eigenen Unsterblichkeit blieben jedoch neben dem Streben nach universellem Heil weiterhin bestehen. Doch zur Beschreibung der einzelnen Entwicklungsphasen zur Untersterblichkeit oder Buddhaschaft wurde die buddhistische Nomenklatur verwendet.

TOD UND WIEDERGEBURT

Wer in seinem Leben die Unsterblichkeit nicht erreicht hat, dessen Körperseelen gehen in die Unterwelt ein. In der traditionellen chinesischen Anschauung geht man davon aus, dass jeder Mensch sieben Körperseelen und drei Geistseelen hat. Die Körperseelen sind Yin und gehören ihrem Wesen nach der Erde an, wohingegen die Geistseelen Yang sind und dem Himmel angehören. Nach dem Tod eines Menschen trennen sich die zwei Seelengruppen und kehren in ihre jeweilige Heimat zurück.

In der Tradition des Numinosen Juwels gibt es die Vorstellung einer Wiedergeburt. Die Wiedergeburt bedeutet die Wiedervereinigung der Seelen. Sie kann sich entweder auf der Erde ereignen oder in einem Himmel. Während eine Wiedergeburt im Himmel die Erlösung und Vollkommenheit bedeutet, wird die Wiedergeburt auf der Erde als eine Folge schlechten Karmas betrachtet. Die Befreiung der Körperseelen und die Wiedergeburt in einem Himmel kann durch gute Taten oder auch durch einen Priester bewirkt werden. Verdienste anzusammeln ist daher sehr wichtig. Denn, wie uns bereits aus dem Daoismus der Höchsten Klarheit bekannt ist, werden die guten und schlechten Taten eines Menschen von Göttern in Register eingetragen, damit sie so die Dauer des Lebens bestimmen können.

DIE »SCHRIFT ÜBER DIE ERLÖSUNG DER MENSCHHEIT«

Eine Hauptschrift des Daoismus des Numinosen Juwels ist die »Schrift über die Erlösung der Menschheit« (»Duren jing«). Sie war vom 6. bis zum 10. Jahrhundert sehr weit verbreitet und wird noch heute im Rahmen der daoistischen Liturgie rezitiert. In das religiöse Leben der Bevölkerung fand sie Eingang, als das Konzept der Wiedergeburt immer populärer wurde.

»Die Schrift über die Erlösung der Menschheit« beschreibt die Entstehung und Ordnung der Welt. Außerdem enthält sie »Zaubersprüche«, mit deren Hilfe der Adept Kräfte gewinnt, die ihm den Zugang zu kosmischen Sphären eröffnen. Zu seiner Blütezeit wurde der Text neu interpretiert. Durch diese Interpretation rückten das Heil in der Welt und die Errettung der Ahnen in den Vordergrund, während die Gewinnung magischer Kräfte an Bedeutung verlor.

Diesem heiligen Text wurde ein enorme Wirkkraft zugeschrieben, die zu seiner weiten Verbreitung führte. Bereits die bloße Rezitation der »Schrift über die Erlösung der Menschheit« konnte denjenigen, der sie rezitierte, zur Unsterblichkeit führen und seine Ahnen erlösen.

Die Rezitation von Schriften hatte in dieser Schule wie in einigen anderen einen enormen Stellenwert. Es galt als sehr günstig, einen Text so oft wie möglich zu rezitieren. Die Namen von Göttern und Himmeln auszusprechen bedeutete nämlich, die himmlischen Klänge vernehmbar zu machen und dadurch deren innewohnende Wirkkraft sich entfalten zu lassen. Rezitationen waren eine Möglichkeit, für sich und andere Heil zu gewinnen. Zudem schrieb man ihnen eine harmonisierende Wirkung auf das kosmische Geschehen zu.

Der Himmlische Ehrwürdige wurde als die Quelle der Schriften betrachtet. Er ist der Ursprüngliche Anfang, den die Daoisten des Numinosen Juwels unter diesem Titel als ihren höchsten Gott verehrten. Alle Schriften werden auf ihn zurückgeführt, mit einer Ausnahme: Der »Vollkommene Text des Numinosen Juwels in fünf Tafeln, geschrieben in Rot« ist unmittelbar der höchsten Leere entsprungen. Der Ursprung aller heiligen Texte wurde also auf den Himmel zurückgeführt, aus dem sie direkt zu tugendhaften Menschen gelangten. Die Schrift und Sprache der Texte, wie etwa die Talismane, betrachtete man nicht als menschliche, sondern als göttliche Schrift, wodurch sich erklären lässt, dass diesen Texten höchste Wirkungen zugeschrieben wurden.

DIE RELIGIÖSE PRAXIS

Neben der Textrezitation kannte man andere religiöse Praktiken. Methoden zur Erlangung der Unsterblichkeit spielten eine wichtige Rolle, etwa der Gebrauch von Talismanen, die Einnahme von Drogen oder Arzneimitteln und das »Essen« der Essenzen von Sonne und Mond.

Überdies hatten die Gläubigen moralische Vorschriften zu beachten, die teilweise buddhistisch inspiriert waren. Es gab unzählige Regeln sowie zehn Verbote oder Gebote und zwölf Gelöbnisse. So war es beispielsweise verboten zu stehlen, zu lügen oder zu töten. Oder man musste geloben, sich für die Erlösung aller einzusetzen.

Die größte Bedeutung in der religiösen Praxis kam jedoch dem Ritual zu. Rituale hatten das Heil der Menschen zum Ziel und dienten der Kommunikation mit den Göttern. Das Pantheon der Tradition des Numinosen Juwels ist umfangreich und komplex. Es enthält Götter früherer daoistischer Strömungen, Götter des volkstümlichen Buddhismus sowie neu hinzugekommene Götter. Was das Ritual betrifft, so übernahmen die Daoisten des Numinosen Juwels Rituale der Himmelsmeister, die sie weiterentwickelten und in die sie buddhistische Rituale integrierten.

Die Reinigungs- oder Fastenrituale (*zhai*) standen im Zentrum der rituellen Praxis. Reinigungsrituale haben eine lange Tradition. Im alten China schlossen sie die Reinigung, das Fasten und Opfer an Götter mit ein. In der Schule des Numinosen Juwels gliedert sich das Ritual in drei Teile: erstens die körperliche Reinigung, zu der beispielsweise Bäder und das Fasten gehören; zweitens die geistige Reinigung durch Meditation und Sündenbekenntnis und drittens Gebete für bestimmte Zwecke.

Es gab neun Arten von Reinigungsritualen. Um ein Beispiel zu nennen: Ziel des Rituals des Goldenen Registers war es, Naturkatastrophen zu verhindern, mit anderen Worten, die Harmonie zwischen Yin und Yang zu bewahren oder herzustellen und Frieden im Land zu bewirken. Während dieses Ritual von seinem Ursprung her den Herrschern zugedacht war, galten andere Rituale den Verstorbenen oder den Lebenden. Das Ritual des Goldenen Registers wird heutzutage für das Heil aller Menschen durchgeführt. Es gibt andere Rituale, die dem Wohl einzelner Menschen, dem Wohl von Familien oder Dorfgemeinschaften gelten. Die rituelle Tradition des Numinosen Juwels hat das daoistische Ritual bis in die Gegenwart nachhaltig beeinflusst.

Die Rituale können mehrere Tage dauern und werden im Allgemeinen von Musik, Tanz und Gesang begleitet. Sie umfassen sowohl Gebete als auch Meditationen und sind genau inszeniert. Nach den Prinzipien überlieferter kosmischer Vorstellungen und Karten wird ein heiliger Raum oder Bereich errichtet und gestaltet. Dieser Raum muss nicht der Tempel sein. Er kann sich ebenso unter dem freien Himmel befinden. Der Altar ist das Zentrum des heiligen Raumes und steht für das Dao. Alle Handlungen, die der daoistische Priester und seine Helfer ausführen, und alle im Ritual verwendeten Gegenstände haben einen symbolischen Sinn. Dieser Sinn, der sich über Jahrhunderte erhalten hat, kann nur von jemandem verstanden werden, der die Tradition gut kennt.[12]

DIE BLÜTEZEIT DES DAOISMUS

Während der Tang-Dynastie (618–907) eroberte der Daoismus nicht nur den Kaiserhof, sondern auch die gebildete Elite. Daoistische Gedichte wie die der berühmten Dichter Li Bai (701–762) und Wu Yun (gest. 778) sind ein Beweis hierfür. Die Kaiser zeigten großes Interesse für die daoistische Religion und förderten sie intensiv. Da die Dynastiegründer den gleichen Familiennamen hatten wie Laozi, nämlich Li, betrachteten sie Laozi als ihren Ahnherrn und räumten dem Daoismus Vorrang vor dem Buddhismus ein. Im 7. Jahrhundert wurde das »Daode jing« in den Prüfungsstoff für die staatlichen Examina aufgenommen, der bislang allein konfuzianische Klassiker umfasst hatte.

Vor allem Kaiser Xuanzong (713–756) favorisierte den Daoismus. Er widmete sich selbst intensiv daoistischen Studien, gründete ein daoistisches Studienzentrum und versammelte viele Daoisten an seinem Hof. Mehrmals rief er auch den berühmten Daoisten Sima Chengzhen (647–735) zu sich. Sima Chengzhen, der 12. Patriarch der Tradition der Höchsten Klarheit, war einer der wichtigsten Daoisten der damaligen Zeit und übte auf die daoistische Praxis und Lehre großen Einfluss aus. Auf ihn geht ein umfangreiches Schrifttum zurück, das u.a. Werke mit theoretischen und praktischen Unterweisungen in der Pflege des Dao, in der Meditation und den Methoden der Lebenspflege enthält.

Die Tang-Dynastie gilt allgemein als die Blütezeit und Konsolidierungsphase des Daoismus. Erstmals erschienen Enzyklopädien und allgemeine Werke zum Daoismus. Die Kaiser errichteten zahlreiche staatliche Klöster und sehr viele Männer und Frauen entschieden sich für ein klösterliches Leben, das in hohem Ansehen stand.

Die Anerkennung und Förderung des Daoismus seitens des Staates brachte die Standardisierung und Formalisierung der daoistischen Organisationen, der Rituale sowie des klerikalen und klösterlichen Lebens mit sich. Es entstanden einheitliche Regelungen für die Ordination, die durch Zertifikate beglaubigt wurde. Ein Büro zur Überwachung des Rituals wurde geschaffen und alle Tempel und Klöster standen unter staatlicher Oberaufsicht. Strenge Vorschriften bestimmten die alltäglichen Handlungen der Mönche und Nonnen. Auch für Eremiten galten bestimmte Regeln. Daoisten, die diese Gesetze missachteten, wurden bestraft, bei schwerwiegenden Verstößen wie Schwerverbrecher.

Die bisherigen Lehren und Praktiken wurden gefestigt und ausgearbeitet. Medizinische Konzepte und Methoden der Lebenspflege verschmolzen mit dem Daoismus mehr als zuvor und buddhistische Lehren wurden tief greifend integriert. In diesem Zusammenhang erschienen neue Schriften. Es entstand eine Denkrichtung unter dem Namen »Zweifaches Geheimnis« (*Chongxuan*), die sich auf das »Daode jing« und Konzepte der buddhistischen Mâdhyamika-Schule stützte.

In seiner innerlichen Ausrichtung näherte sich der Daoismus immer mehr der Mystik. Die tiefe innere Betrachtung oder Innenschau, die buddhistische Einflüsse aufwies, gewann zunehmend größere Bedeutung. Wesentlich bei dieser Meditation war die völlige Abwesenheit von Vorstellungen. Die Umwandlung des Menschen zu einem Gefäß für die Transzendenz war ein zentrales Thema des Tang-zeitlichen Daoismus, der das Feld für die Entfaltung der inneren Alchemie bereitete.[13]

DAS GOLDENE ELIXIER

Die Alchemie, wörtlich »Das goldene Elixier« (*jindan*), hat in China eine mindestens 2000 Jahre alte Geschichte und gehört zu den wichtigsten daoistischen Traditionen. Die chinesische Alchemie umfasst zwei unterschiedliche

Entwicklungsstränge, die als »äußere Alchemie« (*waidan*) und »innere Alchemie« (*neidan*) bezeichnet werden. Wie alle Daoisten hatten auch die Alchemisten die Unsterblichkeit zum Ziel. Sie versuchten, diese mittels eines Unsterblichkeitselixiers zu gewinnen. Das zentrale Thema der Alchemie ist die Verwandlung von groben in feine Stoffe. Die Anhänger der äußeren Alchemie befassten sich mit der Umwandlung natürlicher Substanzen und mit der Herstellung eines Unsterblichkeitselixiers im Laboratorium. Wer dieses Elixier einnahm, sollte unsterblich werden. Die inneren Alchemisten widmen sich dagegen der Umwandlung des Menschen selbst. Das Elixier gewinnen sie durch die Läuterung und Verfeinerung der vitalen Kräfte, die dem Menschen innewohnen. Während die äußere Alchemie als ein Weg zur Unsterblichkeit nicht mehr praktiziert wird, ist die innere Alchemie auch heute noch eine wichtige daoistische Strömung.

DIE ÄUSSERE ALCHEMIE

Es ist unbekannt, wann die Labor-Alchemie in China begonnen hat. In Texten wird sie zum ersten Mal im Zusammenhang mit den Meistern der Techniken erwähnt. Der früheste Bericht über die Einnahme von Elixieren ist der »Diskurs über Salz und Eisen« (»Yantie lun«) aus der Zeit um 60 v. Chr. In zwei Kapiteln seines Werkes spricht auch Ge Hong über die äußere Alchemie. Ihre Wirksamkeit bei der Erlangung der Unsterblichkeit bewertet er höher als die Wirksamkeit der Methoden der Lebenspflege. Auch in der Tradition der Höchsten Klarheit wurde die äußere Alchemie praktiziert und die alchemistische Symbolik ging mit in die Visualisierung ein. Im Daoismus der Höchsten Klarheit findet sich die erste Verbindung zwischen einer offiziellen daoistischen Strömung und der äußeren Alchemie. Obwohl die äußere Alchemie als eine daoistische Methode anerkannt wurde, spielte sie im Vergleich zu spirituellen Praktiken stets eine untergeordnete Rolle.

Aus Texten geht hervor, dass die alchemistische Praxis während der ersten Jahrhunderte ihrer Geschichte der Kommunikation mit den Göttern diente und untrennbar mit Zeremonien und Ritualen verbunden war. Zunächst galt es, besonders günstige Tage für die Zubereitung des Elixiers zu ermitteln. Dann musste sich der Adept, bevor er mit seinem Werk begann, für eine Zeitspanne zwischen einer Woche und hundert Tagen in die Einsamkeit zurückziehen und Reinigungen vollziehen. Danach empfing er in einem bestimmten Ritual Anweisungen von seinem Meister und es wurden Talismane zu seinem Schutz angefertigt. Götteranrufungen sowie Opfer an den Ofen und an bestimmte Götter begleiteten das alchemistische Werk. Die Ingredienzen, Rezepte und Verfahren zur Herstellung des Elixiers waren vielfältig. Das Labor wurde nach festgelegten Regeln errichtet, die sich auf seine Bauweise, seine Größe und geografische Lage bezogen. In der Mitte des Labors befand sich ein dreistufiger Altar, auf dem der Ofen aufgestellt wurde. Der Tiegel wurde entweder auf oder in dem Ofen platziert. Nachdem das Feuer geschürt war, stellte der Adept das Elixier her. Dann opferte er das Elixier zum Teil den Göttern und hinterließ auch etwas davon auf dem Marktplatz zum Wohle der Menschen. Er selbst nahm das Unsterblichkeitselixier bei Sonnenaufgang ein, indem er sein Gesicht der Sonne zuwandte und erneut die Götter anrief.

Mit dem Aufkommen und der Verbreitung des Textes »Zeichen für die Verwandtschaft der Drei gemäß dem Buch der Wandlungen« (»Zhouyi cantong qi«) änderte sich die Ausrichtung der äußeren Alchemie. Das Ritual und die Kommunikation mit Göttern verloren an Bedeutung. In den Mittelpunkt der alchemistischen Lehre trat die Kosmologie des »Buchs der Wandlungen« (»Yijing«, »I Ching«, »I Ging«), die auf die verschiedenen Stadien des alchemistischen Werkes übertragen wurde. Ausgeprägte innere alchemistische Tendenzen kennzeichnen diesen abstrakten und komplexen Text, der die Entwicklung der äußeren und der inneren Alchemie tief greifend beeinflusste. Traditionell wird das Buch »Zeichen für die Verwandtschaft der Drei gemäß dem Buch der Wandlungen« dem legendären Unsterblichen Wei Boyang zugeschrieben, der im 2. Jahrhundert n. Chr. gelebt haben soll. Die heutige Version stammt aus dem 7. Jahrhundert n. Chr., jedoch kursierte bereits mehrere Jahrhunderte früher ein Text unter diesem Titel.

Während der Tang-Zeit (618–907) erlebte die äußere Alchemie ihre Blütezeit. Neben Literaten interessierten sich auch viele Kaiser für die Alchemie, insbesondere für das Elixier, das ihnen ewiges Leben verhieß. Aus der Geschichte ist bekannt, dass mindestens zwei Kaiser ein Unsterblichkeitselixier einnahmen und danach an Vergiftung starben. Dieser Umstand mag ein Grund dafür gewesen sein, dass sich die Daoisten von der äußeren zur inneren Alchemie wandten. Über 500 Jahre hinweg bestanden jedoch beide alchemistischen Strömungen nebeneinander, inspirierten sich gegenseitig und wurden auch zusammen praktiziert.

DIE INNERE ALCHEMIE

Im Mittelpunkt der inneren alchemistischen Lehre und Praxis stehen die Umwandlung der dem Menschen innewohnenden vitalen Kräfte und die spirituelle Umwandlung mit dem Ziel der Unsterblichkeit. Anklänge an die innere Alchemie finden sich bereits in Texten aus der Zeit des 2. Jahrhunderts n. Chr. Vom 8. Jahrhundert an wurden eigene innere alchemistische Schriften verfasst und seit dem 12. Jahrhundert ist die innere Alchemie eine gefestigte daoistische Tradition. Eines ihrer Merkmale ist, dass sie neben daoistischen Lehren und Praktiken viele Elemente anderer Traditionen in ihr System integrierte. Die Lehren von Yin und Yang und der fünf Wandlungsphasen, die Kosmologie und die Embleme des »Buchs der Wandlungen«, die Terminologie der Labor-Alchemie, Methoden der Lebenspflege, physiologische Theorien zählen ebenso dazu wie Elemente des Buddhismus und des Konfuzianismus. Die Anhänger der inneren Alchemie befürworten die Idee der grundsätzlichen Einheit der drei Lehren Daoismus, Konfuzianismus und Buddhismus. Vom 10. bis zum 14. Jahrhundert entstanden drei große innere alchemistische Zweige: die Zhong-Lü-Tradition, die Südliche Linie (*Nanzong*) und die Nördliche Linie (*Beizong*), die auch »Vollkommene Wirklichkeit« (*Quanzhen*) genannt wird.

DIE ZHONG-LÜ-TRADITION

Zwei legendäre Unsterbliche namens Zhongli Quan und Lü Dongbin gelten als die Ahnherren der Zhong-Lü-Schule. Zhongli Quan soll im 2. Jahrhundert n. Chr. gelebt haben und während der folgenden Dynastien immer wieder aufgetaucht und verschwunden sein. Lü Dongbin soll im Jahr 798 geboren worden sein. Beiden Unsterblichen werden nicht nur zahlreiche Texte zugeschrieben, sondern auch viele Wunder, die sie vor Gläubigen vollbrachten. Sie gehören zu einer Gruppe von acht Unsterblichen, die im Daoismus und in ganz China sehr bekannt ist. Besonders populär ist Lü Dongbin, der bis heute verehrt wird. Statuen von ihm sind nicht nur in daoistischen, sondern auch in buddhistischen Tempeln zu finden.

Seit dem 11. Jahrhundert taucht in der Literatur Zhongli Quan als der Lehrer von Lü Dongbin auf. Und es heißt, Lü habe die Lehre vom Dao und den alchemistischen Prozessen der inneren Umwandlung von Zhongli Quan im Zhongnan-Gebirge empfangen.

Die innere alchemistische Praxis dieser Schule orientiert sich sehr an körperlichen Methoden der Umwandlung, insbesondere an Atempraktiken wie der Embryonalatmung. Im Gegensatz zu anderen Schulen nehmen kosmologische Spekulationen keinen bedeutenden Platz in der Lehre der Zhong-Lü-Schule ein.

DIE SÜDLICHE LINIE

Die Gründung der Südlichen Linie geht auf Zhang Boduan (gest. 1082) zurück. Doch erst unter Chen Nan (gest. 1213) bildete sich eine organisierte Schule. Zhang Boduan verfasste das »Buch über das Erwachen zur Wirklichkeit« (»Wuzhen pian«), das zu einem Klassiker der inneren Alchemie der Vollkommenen Wirklichkeit wurde. Die komplexen Lehren der mystisch orientierten Südlichen und Nördlichen Schulen sind im Wesentlichen identisch. Doch hinsichtlich der Lebensführung unterscheiden sich die Schulen deutlich. Die Nördliche Schule befürwortet ein klösterliches und zölibatäres Leben, die Südliche Schule dagegen ein weltliches. Die alchemistische Schule der Nördlichen Linie und der liturgische Daoismus der Himmelsmeister sind heute die zwei bedeutendsten daoistischen Strömungen in China. Das Zentrum der Nördlichen Schule ist der Tempel der weißen Wolken in Peking.

DIE NÖRDLICHE LINIE: DIE SCHULE DER VOLLKOMMENEN WIRKLICHKEIT

Im 12. Jahrhundert gründete Wang Zhe (1113–1170) im Norden Chinas eine alchemistische Schule, die später die Bezeichnung »Vollkommene Wirklichkeit« erhielt. Wang Zhe, der auch unter dem Namen Wang Chongyang bekannt ist, empfing im Alter von 48 Jahren geheime Einweihungen von zwei übernatürlichen Wesen. Ein Jahr später erhielt er von einem dieser Wesen fünf Texte. Er grub sich ein Grab, das »Grab des lebendigen Toten«, in dem er drei Jahre lebte und praktizierte. Danach verbrachte er vier weitere Jahre in einer selbst gebauten Hütte. Nachdem er am Ende tanzend und singend die Hütte verbrannt hatte, reiste er nach Shandong, wo sich ihm Schüler anschlossen und er fünf Orden errichtete. Eine weite Verbreitung erfuhr Wang Zhes alchemistische Lehre erst nach seinem Tod, und zwar durch seine sieben berühmten Schüler, unter denen sich auch eine Frau befand. Die Geschichte von Wang Zhe und seinen sieben Schülern wurde zum Thema eines gerne gelesenen volkstümlichen Romans.[14]

Die Schule der Vollkommenen Wirklichkeit ist stark buddhistisch beeinflusst und propagiert in besonderem Maße die Einheit der drei Lehren. Ihr klösterliches Leben unterliegt einem sehr strengen Tagesablauf. Der Tag beginnt um 3 Uhr früh und endet um 1 Uhr nachts. Die Mönche widmen sich hauptsächlich der Meditation.

Aber auch Gesänge und Gebete sowie eine gemeinsame Versammlung finden täglich statt. Drei Mahlzeiten werden pro Tag eingenommen und es bleiben gerade zwei Stunden zur freien Verfügung. Dies sind die Stunden zwischen 1 und 3 Uhr nachts. Einmal im Jahr findet eine hundert Tage dauernde Meditationsperiode statt, während der 24 Stunden am Tag meditiert wird.

Das monastische Leben und die strenge Meditation gelten als der geeignete Weg zur Unsterblichkeit, d.h. zu jenem transzendenten Zustand der Einheit mit dem Dao. Auf dem alchemistischen Weg soll sich die Wesensnatur (*xing*) des Menschen völlig entfalten. Die Wesensnatur ist jenes Lebensprinzip, das mit dem Gestaltlosen, dem Dao verbunden ist. Daneben besteht ein Form gebendes Lebensprinzip, das mit den Begriffen »Leben« (*ming*) oder »Lebensenergie« bezeichnet werden kann. Es ist nicht dasselbe wie die Lebensenergie »Qi«, steht jedoch in enger Beziehung zu ihr, zum Körper und der Persönlichkeit eines Menschen. Von ihrem Ursprung her sind diese beiden Prinzipien untrennbar miteinander verbunden, im Leben jedoch getrennt. Auf seinem Weg zurück zum Dao strebt der Adept danach, die Wesensnatur und Lebensenergie in den Zustand ihrer ursprünglichen Einheit zurückzuführen.

Dazu reinigt er sein Herz und seinen Geist und verfeinert seine Energien, bis die Wesensnatur im Herzen erkannt und entfaltet werden kann. Das Herz, in dem auch der Geist wurzelt, ist in seinem gewöhnlichen Zustand durch Gedanken, Emotionen und Begierden getrübt. In der alchemistischen Literatur heißt es, es verhalte sich wie ein wildes, ungezähmtes Pferd. Daher kann die Wesensnatur nicht zum Vorschein kommen, bzw. der Mensch kann ihrer nicht gewahr werden. Indem der Adept in der Meditation sein Herz völlig entleert, schafft er die Möglichkeit, seine wahre angeborene Natur zu erkennen.

Ebenso schützt und stärkt der Adept seine vitalen Energien, um eine solide physische Grundlage für die innere Entwicklung zu schaffen, denn der Körper ist das Gefäß für das Dao. Die Betonung der Notwendigkeit, gleichzeitig die Wesensnatur und die Lebensenergie zu pflegen, ist charakteristisch für die Schule der Vollkommenen Wirklichkeit.

ZUR LEHRE DER INNEREN ALCHEMIE

DIE ALCHEMISTISCHE SPRACHE

Da die innere Alchemie bestrebt ist, eine Synthese von Daoismus, Buddhismus und (Neo-)Konfuzianismus herzustellen, bedient sie sich der Begriffe aller drei Lehren. Darüber hinaus verwendet sie die Sprache der äußeren Alchemie und überträgt diese auf die Innenwelt des Menschen. Tiegel und Ofen, Quecksilber und Blei, Feuer und Wasser sind Beispiele für alchemistische Begriffe, die in der inneren Alchemie Bereiche des Körpers oder spezifische Energien meinen. Der Ofen kann die gelbe Halle und der Tiegel die Höhlung der Lebensenergie bezeichnen, zwei energetisch wichtige Körperbereiche. Das Feuer kann die Lebensenergie darstellen, die während bestimmter Übungen Hitze im Körper erzeugt, oder auch den Geist, der durch sein aufmerksames Verweilen bei inneren Vorgängen die polaren, antagonistischen Kräfte im Menschen zur Einheit verschmilzt.

Ein wichtiges Merkmal der inneren alchemistischen Sprache ist, dass sich ein und derselbe Begriff auf verschiedene Ebenen oder Stufen des alchemistischen Prozesses beziehen kann und damit völlig unterschiedliche Bedeutungen gewinnt. Durch die Vielschichtigkeit der alchemistischen Sprache und ihre Bildhaftigkeit werden im Menschen unterschiedliche Ebenen und auch tiefere Schichten als die des gewöhnlichen Denkens berührt. Darüber hinaus gewährt die alchemistische Sprache dem Meister die Möglichkeit, alle seine Schüler anzusprechen, und jeder Schüler kann dann seinem Erfahrungsniveau entsprechend ein Verständnis des jeweiligen Prozesses gewinnen. In erster Linie stellt die alchemistische Sprache ein Mittel dar, dem Adepten einen Weg zur persönlichen Erfahrung zu eröffnen, die untrennbar mit dem inneren alchemistischen Weg verbunden ist.

EINHEIT, VIELFALT UND UNSTERBLICHKEIT

Die Unsterblichkeit wird in der inneren Alchemie als Rückkehr zum Dao verstanden. Das Dao ist der Urgrund der Welt. Alles ist aus ihm entstanden, so auch der Mensch. Die Kosmogenese von der Einheit zur Vielfalt verlief nach daoistischer Anschauung in mehreren Schritten mit immer größerer Differenzierung. Wie es im 42. Spruch des »Daode jing« heißt, erzeugte das Dao die Eins, die Eins die Zwei, die Zwei die Drei und die Drei die mannigfaltigen Dinge. Alle Dinge und Wesen, die im Laufe dieses Evolutionsprozesses entstanden sind, werden eines Tages vergehen. Mit anderen Worten: Der Evolutionsprozess umfasst Werden und Vergehen. Die Alchemisten streben jedoch Unsterblichkeit an. Daher bedeutet ihre Praxis die Umkehrung des Entstehungsprozesses. Denn diese Umkehrung ist die Rückkehr zum Ursprung, zum ewigen Dao, das weder entsteht noch vergeht.

Im Rahmen der Umkehrung bewegt sich der Mensch schrittweise von der Vielfalt zur Einheit zurück, die den primordialen Zustand des Seins und eine ursprüngliche Ordnung darstellt. Diese Rückkehr bedeutet auch, sich selbst, d.h. eine »Vielfalt«, zu einen. In der Meditation werden verschiedene Prozesse der Läuterung und Verfeinerung der Energien aller Ebenen durchlaufen, die letztlich in die tiefe Erkenntnis des eigenen inneren Wesens, der angeborenen unsterblichen Wesensnatur oder des Dao-Funken in sich selbst münden. Die Unsterblichkeit der Alchemisten gleicht der Erleuchtung im Zen-Buddhismus. Der alchemistische Weg zur Unsterblichkeit fügt sich ein in einen Zyklus, welcher der ursprünglichen Einheit entspringt, die Welt der Vielfalt durchläuft und schließlich über die Vielfalt wieder zur Einheit zurückkehrt.

Hinsichtlich der Einheit sind zwei Aspekte bedeutsam. Zum einen geht die Einheit dem Menschen voraus und überschreitet ihn. Zum anderen ist sie seit seiner Zeugung in ihm angelegt. Sie ist das Yang im Yin, d.h. in dem Menschen mit seiner körperlichen Gestalt und seiner individuell geprägten Persönlichkeit. Dieses dem

Dao angehörende Yang steht für das Lichte im Dunkeln. Es ist der Funke des Dao, den es im Umwandlungsprozess freizulegen, zu nähren und zu entfalten gilt. Vielfach wird der Weg zur Unsterblichkeit symbolisch auch mit der Entwicklung und Geburt eines heiligen Embryos beschrieben. Der Mensch in seiner Leiblichkeit und Persönlichkeit ist sterblich, der heilige Embryo dagegen unsterblich.

ZWEI EBENEN DER WIRKLICHKEIT

Grundsätzlich werden in der inneren Alchemie zwei unterschiedliche Ebenen der Wirklichkeit unterschieden: die numenale und die phänomenale Ebene. Diese Ebenen stehen in enger Beziehung zur Sterblichkeit und Unsterblichkeit. Die numenale Ebene heißt wörtlich »vor dem Himmel« oder »früher Himmel«, die phänomenale Ebene »nach dem Himmel« oder »später Himmel«. Erstere bezeichnet eine ursprüngliche Ordnung, den Zustand der Ewigkeit und das Dao, und ist im Menschen die Wesensnatur. Unter der phänomenalen Ebene ist die Erscheinungswelt zu verstehen, die auch alle Aspekte des gewöhnlichen, sterblichen menschlichen Daseins umfasst. Der vergängliche Leib, aber auch die Gedanken und Emotionen gehören dazu.

Vieles, was den Menschen ausmacht, enthält Aspekte beider Ebenen. Die phänomenale Ebene des Geistes zeigt sich beispielsweise im begrifflichen Denken, seine numenale Ebene hingegen im so genannten ursprünglichen oder wahren Geist, der frei ist vom gewöhnlichen Denken. Das Numenale wird als das Ursprüngliche, Wahre oder Echte bezeichnet. So besteht auch neben der Lebensenergie eine ursprüngliche Lebensenergie, neben der Essenz eine ursprüngliche Essenz. Die inneren Alchemisten verwenden die Symbole des »Buchs der Wandlungen« zur Erklärung alchemistischer Prozesse. Mithilfe der Trigramme verdeutlichen sie die beiden Ebenen und ihre Wechselwirkungen, mithilfe der Hexagramme den alchemistischen Prozess sowie den energetischen Verlauf des menschlichen Lebens.

DREI STADIEN DER UMWANDLUNG

Im Allgemeinen ist in der Alchemie von drei Stadien der Umwandlung die Rede. Diese sind mit den »drei Schätzen«, der Essenz, der Lebensenergie und dem Geist verbunden. Die Essenz ist das Lebenspotenzial des Menschen und zeigt sich in ihrer »materiellen« Form in der Samenflüssigkeit des Mannes und im Menstruationsblut der Frau. Die Lebensenergie haben wir bereits kennen gelernt. Sie steht in enger Verbindung mit dem Atem. Der Geist gilt als die göttliche oder spirituelle Kraft eines Menschen und ist der Essenz und der Lebensenergie übergeordnet. In drei Stadien der Transformation sollen die Essenz in Lebensenergie, die Lebensenergie in Geist und der Geist in die Leere umgewandelt werden. Die letzte Stufe der Umwandlung entspricht der Rückkehr ins Dao.

Die dreistufige Umwandlung beruht auf einer Sichtweise in Bezug auf den menschlichen Körper, die auch den Methoden der Lebenspflege zugrunde liegt. Viele Meridiane, durch die die Lebensenergie fließt, durchziehen den gesamten Körper. In der Alchemie ist vor allem der Energiekreislauf durch den Kontroll- und den Funktionskanal wichtig. Der Kontrollkanal verläuft vertikal entlang der Mittellinie des Rückens, während der Funktionskanal die Mittellinie der Körpervorderseite durchzieht. Bedeutsame Energiezentren sind die drei Zinnoberfelder oder Elixierfelder und die drei Barrieren. Die Zinnoberfelder befinden sich im Kopf, im Brustraum und im Abdomen, die drei Barrieren im Steißbein, zwischen den Schulterblättern und im Hinterkopf. Damit die Energie ungehindert kreisen kann, müssen die drei Barrieren durchlässig sein. In den Zinnoberfeldern werden die Energien gesammelt und umgewandelt.

Die inneren Alchemisten entwickelten viele Diagramme und Tafeln, um die innere körperliche Landschaft anschaulich darzustellen. Sehr bekannt ist die »Tafel des inneren Gewebes«, die aus der Tradition der Vollkommenen Wirklichkeit stammt. Sie zeigt den Körper als eine belebte Landschaft und als ein Abbild des Kosmos. Sonne und Mond, das Sternbild des Großen Bären, Gebirge und ein Fluss, Laozi und Bodhidharma sowie symbolträchtige Objekte aus der Menschenwelt wie eine Brücke oder ein Spinnrad veranschaulichen jene Abläufe im Menschen, die im alchemistischen Prozess von Bedeutung sind. Die Methoden der Lebenspflege im Zusammenhang mit den vitalen Energien werden auch in alchemistischen Schulen ausgeübt. Jedoch bewerten die einzelnen Schulen ihre Wichtigkeit im Umwandlungsprozess unterschiedlich.

Die drei Phasen der Umwandlung beschreiben eine stufenartige Entwicklung auf dem Weg zur Unsterblichkeit, die gewissermaßen von unten nach oben fortschreitet. Gleichzeitig ist in der inneren Alchemie von einem unvermittelt eintretenden Moment der »Erleuchtung« die Rede, in dem sich alle Kräfte im Menschen plötzlich entsprechend der Ordnung des Numenalen gestalten und der Mensch mit dem Dao eins wird. Diese unmittelbare Gewahrwerdung der Wesensnatur kommt von oben und wirkt sich nach unten aus. Als unmittelbare »Methode« wird sie mit dem Nicht-Tun in Beziehung gesetzt, die stufenweise Entwicklung dagegen mit einem absichtsvollen Handeln des Adepten, mit seiner eigenen Bemühung. Beides kann sich gleichzeitig vollziehen.

REINHEIT UND STILLE DES HERZENS

Während der Mensch mit seiner Leiblichkeit und Persönlichkeit der Erscheinungswelt angehört, ist das Herz von seinem Wesen her numenaler Natur. Der Begriff »Herz« bezeichnet in alchemistischen Traktaten nicht das Organ, sondern die Wesensmitte des Menschen, sein »Bewusstsein«, die höchste Wirklichkeit im Menschen. Allerdings trifft diese Erklärung nur auf ein Herz zu, das von allen Schlacken gereinigt wurde. Das menschliche Herz kann sich in unterschiedlichen Zuständen befinden, so auch in einer getrübten, beispielsweise von Gedanken und Emotionen aufgewühlten Verfassung. Die Reinigung des Herzens ist ein wesentlicher Vorgang innerhalb des inneren alchemistischen Werks.

Das gereinigte Herz ist leer. Daher vermag es alle Polaritäten zur Einheit zu verbinden. Die alchemistischen

Texte verwenden sehr oft Paarbegriffe wie Drache und Tiger, Feuer und Wasser, Ofen und Tiegel. Diese Paare sind immer Yin und Yang. Sie können, abhängig vom Kontext, viele verschiedene Komplemente symbolisieren, etwa Geist und Körper, Lebensenergie und Körpersäfte, Wesensnatur und Leben usw. Die Vereinigung der Komplemente gehört zu den wichtigsten alchemistischen Prozessen.

Die vereinigende Kraft wird als wahre Absicht bezeichnet. Sie geht vom gereinigten Herzen, der Mitte des Menschen, aus. Immer wieder betont die Schule der Vollkommenen Wirklichkeit die Reinheit und Stille als Basis für das alchemistische Werk. Wie das geeinte und alles umfassende Dao vermag auch das gereinigte und stille Herz alle Dualitäten zur Einheit zu verbinden. Das Herz ist der eigentliche »Alchemist«, der das große Werk ausführt.[15]

DIE ENTWICKLUNG DES DAOISMUS SEIT DEM 14. JAHRHUNDERT

DER DAOISMUS IN DER MING-ZEIT

Das Streben nach der Vereinigung der drei Lehren ist ein wesentliches Merkmal der Ming-Zeit (1368–1644). So weist der Daoismus dieser Zeit ausgeprägte synkretistische Tendenzen auf. Die daoistische Religion wurde von einigen Kaisern gefördert und verbreitete sich im Volk. In keiner anderen Dynastie entstanden so viele kleine daoistische Untergliederungen wie in dieser. Im Volk war der Daoismus jedoch nicht in seiner gelehrten, sondern in einer populären Form lebendig. So wurden beispielsweise einige volkstümliche Götter in das Pantheon aufgenommen, es entstand ein Kult um den Unsterblichen Zhang Sanfeng und etliche daoistische Volksfeste bürgerten sich ein.

Die damalige Staatslehre war freilich der Konfuzianismus. Gleichzeitig sympathisierten viele Kaiser mit der daoistischen Religion, ihrer »Magie«, ihren Ritualen und vor allem den Unsterblichkeitspraktiken. Sie standen in engem Kontakt mit Daoisten, von denen einige wichtige Positionen am Hof innehatten und politischen Einfluss gewannen. Besondere Unterstützung von kaiserlicher Seite erfuhren Daoisten, die als Kenner der Alchemie und der Methoden zur Langlebigkeit galten. Wie in früheren Zeiten versuchten auch in dieser Dynastie einige Kaiser, durch die Einnahme »daoistischer Drogen« Unsterblichkeit zu erlangen, und starben daran.

Aber auch auf anderen Gebieten förderten die Kaiser den Daoismus. So wurde im Jahr 1445 eine neue Kompilation des »Daoistischen Kanons« (»Daozang«) gedruckt, dessen Anfänge auf das 5. Jahrhundert zurückgehen. Die Ming-zeitliche Schriftensammlung umfasst 1487 Werke in 5486 Bänden und bildet noch heute die Grundlage für Forschungen über den Daoismus. Natürlich wurden in den folgenden Jahrhunderten noch zahlreiche weitere daoistische Schriften verfasst.

Einerseits interessierten sich die Kaiser sehr für die daoistischen Lehren und Praktiken. Andererseits schürte die Entstehung der zahlreichen kleineren Schulen und Gruppen die Furcht der Herrscher vor religiös inspirierten Aufständen oder Rebellionen. Dies hatte zur Folge, dass sie den Daoismus einer strengen staatlichen Überwachung unterwarfen, die einem administrativen Büro mit mehreren Sektionen oblag. Ebenso wie in der Tang-Zeit wurde u.a. auch die Ordination systematisiert und die Mönche und Nonnen erhielten Zertifikate zu ihrer Legitimation.

Darüber hinaus zeigten sich Tendenzen zur Zentralisierung des Daoismus, d.h., viele kleine Schulen wurden in die beiden Hauptströmungen eingegliedert. Die vorherrschende und offizielle daoistische Tradition war die der Himmelsmeister, der Orthodoxen Einheit. Ihr Zentrum befand sich im Longhu-Gebirge. Das zweite wichtige Zentrum lag im Wudang-Gebirge. Hier waren ebenfalls Daoisten der Schule der Orthodoxen Einheit tätig. Der Dunkle Krieger, eine Gottheit, die im Wudang-Gebirge residierte, wurde von den Kaisern zur Schutzgott der Dynastie erhoben und in besonderem Maße verehrt.

Die alchemistische Schule der Vollkommenen Wirklichkeit wurde vom Hof nicht als Teil der offiziellen Religion anerkannt. Ihr einziger bekannter damaliger Meister war Sun Xuanjing (1517–1569), der im Tempel der Weißen Wolken lebte. Tatsächlich jedoch beeinflussten sich beide Schulen gegenseitig.

Wie aus den Schriften hervorgeht, strebten viele daoistische Meister danach, das Rechtmäßige des Daoismus herauszustellen und zu fördern. Dieses Bemühen ist wahrscheinlich auch als eine Reaktion auf die Zersplitterung in einzelne Strömungen zurückzuführen, von denen einige möglicherweise mit bestimmten Praktiken Missbrauch trieben.

Inhaltlich übernahm der Daoismus überwiegend die bisherigen Lehren. Es wurde nur wenig Neues entwickelt. Wie bereits erwähnt, stand die Idee der grundsätzlichen Einheit von Konfuzianismus, Daoismus und Buddhismus im Vordergrund. Es gingen auch Elemente der tantrischen Lehre und Praxis in den Daoismus ein. Verdienste zu erwerben und sein eigenes Leben und Handeln auf den Prüfstand zu stellen wurde zunehmend wichtiger. In der inneren Alchemie fand eine Systematisierung statt.

Bereits in der Mitte des 16. Jahrhunderts begann der Daoismus in politischer Hinsicht an Bedeutung zu verlieren und die Daoisten mussten den Hof verlassen. In den folgenden Jahrhunderten wurde der Daoismus weitaus weniger protegiert, doch viele Tendenzen, die für die Ming-Zeit prägend gewesen waren, setzten sich in der Qing-Dynastie fort.[16]

DER DAOISMUS IN DER QING-ZEIT

Die Regenten der Qing-Zeit (1644–1911) verehrten den tibetischen Buddhismus. Unter Kaiser Gaozong (1736–1795) wurde die Gelugpa-Schule als Staatsreligion eingesetzt. Der Daoismus unterstand strenger staatlicher Aufsicht und wurde weiterhin von zentraler Stelle aus verwaltet. Daoistische Meister hatten keinen politischen Einfluss mehr am Hof. Innerhalb des Daoismus fand eine Verlagerung vom klösterlichen Leben zur Laienpraxis statt. Mönche und Nonnen wurden eher als Bürde für den Staat betrachtet. Anders als in früheren Zeiten war das klösterliche Leben nicht mehr hoch geachtet, weshalb sich weniger Menschen ordinieren ließen und statt dessen den Daoismus im weltlichen Leben praktizierten. Der Laiendaoismus erfuhr einen großen Aufschwung und viele kleine daoistische Gruppierungen entstanden, die ungeachtet der staatlichen Kontrolle frei tätig waren. Aus ihren religiösen Aktivitäten wuchs eine volkstümliche daoistische Praxis, die bis heute weiterbesteht.

Von offizieller Seite wollte man den Daoismus vereinheitlichen und standardisieren, was auch geschah. Viele kleine Schulen wurden in die Drachentor-(Longmen-) Schule eingegliedert, den damals bedeutendsten Zweig des Daoismus der Vollkommenen Wirklichkeit. Diese Eingliederung war eher offizieller Natur, denn tatsächlich bewahrten die Schulen ihre Eigenständigkeit.

Die Drachentor-Schule wurde die wichtigste Schule der Tradition der Vollkommenen Wirklichkeit, die mit der Tradition der Orthodoxen Einheit die beiden offiziellen daoistischen Schulen bildete. Wie in der Ming-Zeit galt auch in dieser Dynastie die Tradition der Orthodoxen Einheit, der Himmelsmeister, als die tragende daoistische Schule. Doch die Tradition der Vollkommenen Wirklichkeit erlebte einen neuen Aufschwung. Diesen verdankte sie dem Abt Wang Changyue (?–1680) aus dem Kloster der Weißen Wolken, der die Drachentor-Schule 1656 etablierte und den Lehren der Tradition der Vollkommenen Wirklichkeit eine neue Richtung gab. Wang Changyue brachte die religiösen daoistischen Vorschriften mit der neokonfuzianischen Ethik in Einklang, die die tragende Staatslehre war. Mit diesen neuen Vorschriften schuf er ein Bindeglied zwischen dem klösterlichen Leben, der Basis der Schule der Vollkommenen Wahrheit, und dem weltlichen Leben der Neokonfuzianer. Die Vorschriften betrachtete er als ein Mittel zur Erleuchtung sowie zur Erziehung der Mönche und Nonnen. Die Drachentor-Schule verbreitete sich überall und besteht bis heute.

Ein späterer Patriarch dieser Schule war Liu Yiming (1734–1821). Liu Yiming zog sich im letzten Lebensabschnitt in ein Kloster in der Bergwelt Yunnans zurück, wo er zwanzig Jahre lebte. Er unterwies ausgewählte Schüler und verfasste in seiner Klause, dem »Nest der Freiheit«, Kommentare zu Klassikern und eigene Werke, die ihn sehr berühmt machten. Einige seiner bemerkenswerten Schriften liegen auch in Übersetzungen vor. Aus der Qing-Zeit stammt ebenfalls »Das Geheimnis der Goldenen Blüte« (»Jinhua zongzhi«), ein buddhistisch beeinflusster Meditationstext, der inzwischen auch im Westen sehr bekannt ist.

Wie die Ming-Zeit war die Qing-Zeit ebenfalls von der Idee der Einheit der drei Lehren und dem Synkretismus geprägt. Diese kam unter anderem in der Veröffentlichung religiöser Bücher für die Allgemeinheit zum Ausdruck, in denen daoistische Konzepte der Unsterblichkeit mit der konfuzianischen Ethik und buddhistischen Lehren und Werten verschmolzen waren. Sie legten großen Nachdruck auf die Moral und den Erwerb von Verdiensten durch gute Taten.

Gleichzeitig bestanden Kulte, Zeremonien und Rituale weiter, wenn auch in einheitlicherer Form. Die Bedeutung der Unsterblichkeitspraktiken wurde neu überdacht und manche zweifelhafte Methode ausgemerzt. In der inneren Alchemie herrschte die Meditation vor und es fand eine Wendung zur Vereinfachung statt, wodurch der innere alchemistische Weg allen Menschen zugänglich gemacht werden sollte.

Trotz offiziellen Verbotes erfreute sich die Planchette, »der fliegende Geisterstift«, großer Popularität. Diese in ein Ritual eingebettete Praxis hatte eine jahrhundertealte Tradition und diente der Divination, der Heilung und dem menschlichen Wohl. Im Kern besteht sie darin, dass ein Gott oder ein Unsterblicher durch ein Medium den Menschen eine schriftliche Botschaft zukommen lässt. Auf diese Weise wurden auch viele der Qing-zeitlichen Bücher über Moral erstellt. Noch heute sind in Taiwan und Hongkong religiöse Gruppen tätig, die die Planchette praktizieren.[17]

3. DAOISTISCHE WELTEN

DER MENSCHENWELT ENTRÜCKT: DIE UNSTERBLICHEN

Schon im »Zhuangzi« begegnen wir Beschreibungen von Unsterblichen, die das volkstümliche Bild dieser erhabenen Menschen bis heute geprägt haben. Zahlreiche Legenden berichten über Unsterbliche, die Wunder vollbrachten und Menschen halfen. Einige Unsterbliche haben die Funktion von Schutzpatronen. So ist Lü Dongbin, den wir bereits kennen lernten, der Schutzpatron der Händler, Literaten und Prostituierten.

Ein Unsterblicher gilt als ein Wesen, das seinen Körper und materielle Dinge beliebig verwandeln kann. Er fliegt durch die Lüfte und ist im gesamten Universum zu Hause. Ein Drache oder ein Kranich, der Wind und die Wolken dienen ihm als Gefährt, der Blitz als eine Peitsche. Häufig wird der Unsterbliche mit Flügeln oder in einem Federkleid dargestellt. Weder wilde Tiere noch Naturgewalten wie Feuer können ihm etwas anhaben, denn er ist unverletzbar. Er kann andere Menschen heilen und verfügt über viele außergewöhnliche Fähigkeiten, wie etwa die Fähigkeiten, böse Geister zu bändigen und die Zukunft vorherzusagen. Seine Nahrung sind ungewöhnliche pflanzliche oder mineralische Substanzen, aber ebenso der Tau und das Licht der Sonne, des Mondes und der Sterne.

Ein Kennzeichen dafür, dass jemand die Unsterblichkeit erreicht hat, ist sein Aufstieg zum Himmel am helllichten Tag. Aber es gibt auch Unsterbliche, die anscheinend eines natürlichen Todes gestorben sind. Als dann jedoch ihr Sarg geöffnet wurde, fand man nur noch ihre Sandalen, ihr Schwert, einen Talisman oder einen Bambusstock. Von dem Körper war keine Spur mehr vorhanden.

Nachdem die Unsterblichen die Welt verlassen haben, weilen sie in Gefilden wie den himmlischen und irdischen Paradiesen oder auf den Inseln der Seligen. Im »Liezi«, einem daoistischen Werk aus etwa dem 3. Jahrhundert v. Chr., lesen wir, dass es ehemals fünf Berge gegeben hat, die östlich des Gelben Meeres in weiter Ferne in einer großen Untiefe lagen. Diese Berge waren jeweils 7000 Meilen voneinander entfernt, weshalb sich ihre Bewohner im Flug besuchten. Weil die Wurzeln der Berge lose waren, trieben die Berge auf den Wellen hin und her. Daher befahl ein Herrscher, 15 große Schildkröten herbeizubringen, die abwechselnd die Berge auf ihren Köpfen tragen sollten. Eines Tages angelte ein Riese sechs dieser Riesenschildkröten und so versanken zwei Berge. So blieben den Unsterblichen noch drei Berge oder Inseln, auf denen sie sich aufhalten konnten: Penglai, Fanghu und Yingzhou.

Es gibt eine sehr berühmte Gruppe von acht daoistischen Unsterblichen, zu der auch Zhongli Quan und Lü Dongbin gehören. Jeder hat spezifische Merkmale und trägt für ihn typische symbolische Gegenstände bei sich. So hat Lü Dongbin beispielsweise ein kurzes Schwert in seinem Ärmel. Dieses Schwert war ehemals eine Schlange, die Lü verwandelt hatte, weshalb es »grüne Schlange« hieß. Mithilfe seines Schwertes und magischer Schwerttechniken konnte Lü wilde Tiere, Dämonen und schadhafte Einflüsse bannen. Er galt als ein Spezialist für Medizin, Alchemie, Kalligrafie und Dichtkunst. Als Händler verkaufte er auf Märkten Arzneien und mit seinen Unsterblichkeitselixieren rettete er Menschenleben. Selbst seine Tinte wurde als heilkräftig betrachtet. Daher schabten die Menschen sie von Tempelwänden ab, auf die Lü Verse geschrieben hatte, und verarbeiteten sie zu Arzneimitteln.

Auch Zhang Sanfeng, der legendäre Erfinder des Taijiquan (T'ai Chi Ch'uan), zählt zu den Unsterblichen. Der Legende nach beobachtete er vor etwa 700 Jahren im Wudang-Gebirge den Kampf zwischen einer Elster bzw. einem Kranich, und einer Schlange. Durch ihre geschmeidigen, kreisförmigen Bewegungen vermochte die

Schlange allen Angriffen der Elster auszuweichen und ging schließlich als Siegerin aus diesem Kampf hervor. Diese Beobachtung inspirierte Zhang Sanfeng zur Entwicklung einer Kampfkunst, die auf weichen, runden Bewegungen basierte. Die Einsicht, dass das Weiche das Harte besiegt, kam bereits im »Daode jing« zum Ausdruck. Dort heißt es auch, das Weiche gehöre dem Leben an und das Harte, Starre dem Tod. Zhang Sanfeng soll außergewöhnliche magische Kräfte besessen haben und ein Meister der inneren Alchemie gewesen sein.

Ende des 14. und Anfang des 15. Jahrhunderts sandten die damaligen Kaiser über Jahre hinweg mehrere Delegationen aus, um den unsterblichen Zhang Sanfeng zu suchen. Doch jedes Mal kehrten die Delegationen unverrichteter Dinge zurück. Diese historische Begebenheit ist insofern interessant, als sie zeigt, dass die Unsterblichen zur Realität des chinesischen Lebens gehörten. Und sie gehören noch immer dazu. Wir wissen nicht, ob sie unsterblich wurden, doch verstorbene und lebende daoistische Meister sind Beispiele dafür, dass es Menschen gibt, die durch ihre Praxis zu ungewöhnlichen Fähigkeiten gelangten.[18]

IN UNWEGSAMEN BERGWELTEN

Schon seit frühesten Zeiten zogen sich Daoisten auf der Suche nach Unsterblichkeit in unwegsame Bergwelten zurück. Gebirge sind, ähnlich wie Tempel, heilige Orte. In der chinesischen Mythologie ist von Gebirgen die Rede, die Wohnorte von Göttern und Unsterblichen sind, wie beispielsweise die Inseln der Unsterblichen. Daoistische Adepten fanden auf ihren ekstatischen Reisen den Weg in die Gefilde der mythischen Berge. Im Westen Chinas liegt der Berg Kunlun. Er stellt die Weltachse dar und ist der Wohnsitz der Königinmutter des Westens.

In China gibt es seit alters her fünf traditionelle heilige Gebirge, die früher wichtige Opferstätten waren. Sie liegen in allen fünf Himmelsrichtungen: der Huashan im Westen, der Taishan im Osten, der Hengshan im Süden, der Hengshan im Norden und der Songshan in der Mitte des Landes. Außer ihnen besitzen auch viele andere Gebirge oder Berge religiöse Bedeutung. Oftmals befindet sich das Zentrum einer daoistischen Strömung in einem Gebirge und zahlreiche daoistische Meister haben sich eine Zeit lang in die Einsamkeit der Berge zurückgezogen. Zhang Daoling, der erste Himmelsmeister, begegnete dem Gott Laozi im Heming-Gebirge in Sichuan. Und Wang Chongyang, der Begründer der Tradition der Vollkommenen Wirklichkeit, lebte in einer Einsiedelei im Zhongnan-Gebirge im Südwesten der Stadt Xi'an.

Die Zurückgezogenheit in der Natur wurde von vielen Daoisten als günstiger Weg betrachtet, Unsterblichkeit zu gewinnen. Schon aus dem Schriftzeichen für den Unsterblichen geht die enge Beziehung zwischen dem Menschen und den Bergen hervor: Es besteht aus dem Zeichen für Mensch und dem Zeichen für Berg. Der Unsterbliche ist der »Mensch im Gebirge«. Noch heute leben Daoisten als Eremiten in den Bergen, wo sie fern von der Menschenwelt das Dao pflegen. Dort befinden sie sich in unmittelbarer Berührung mit Naturkräften und Naturgesetzen, die sie beobachten, erkennen und leiblich miterleben können. Freilich birgt das Einsiedlerdasein auch Gefahren, wie etwa die Bedrohung durch wilde Tiere, Stürme oder Kälte. Die Eremiten leben sehr schlicht, in kleinen Hütten, Felshöhlen oder Grotten und haben nur ein Minimum an Besitztümern. Anschauliche Berichte über Begegnungen mit chinesischen Einsiedlern in neuerer Zeit geben Bill Porter (1993) und John Blofeld (1991).

Höhlen und Grotten in Bergen und unter der Erde galten im Daoismus seit je als besonders reich an ursprünglicher Lebensenergie. Und tatsächlich wurde wissenschaftlich nachgewiesen, dass ihr biologisch-chemisches »Klima« durch viele mineralische und andere Stoffe gekennzeichnet ist, die Heilwirkungen haben und sich positiv auf die Gesundheit auswirken. Zudem stellt die Abgeschiedenheit in der Tiefe eines Berges oder der Erde die Zurückgezogenheit par excellence dar.

Höhlen sind Orte, deren Öffnung sich oft nicht leicht finden lässt. Um in sie zu gelangen, muss man eine Enge durchschreiten, hinter der sich ein Raum öffnet. Ihr »Tor« bedeutet den versteckten Zugang zu der inneren oder der anderen Welt, der Raum stellt diese Welt selbst dar. Viele daoistische Adepten empfingen deshalb ihre Einweihung in Höhlen oder Grotten.

Früher wie heute werden die heiligen Berge von Wallfahrern besucht, die dort ihren Dank, eine Bitte oder ihre Ehrerbietung zum Ausdruck bringen. Diese Menschen besuchen meistens das Hauptkloster oder den Haupttempel des heiligen Berges, in dem sie unter Verneigungen Räucherwerk darbringen und Gebete sprechen. Einige beschreiten auch die Pfade zu kleineren Heiligtümern, wie etwa der Höhle des Gelben Kaisers im Emei-Gebirge oder dem Schrein von Zhang Sanfeng im Wudang-Gebirge. Tempel, Klöster, Schreine, Einsiedeleien und Höhlen sind über den gesamten heiligen Bezirk verteilt. Vielfach wird der Eingang zu ihm durch ein Steintor markiert.

Reise und Aufstieg zu den Klöstern nehmen in jedem Fall Zeit und Ausdauer in Anspruch und sind nicht unbeschwerlich. Es gibt Klöster, die auf eine solche Weise in die Felsen gebaut sind, dass sie nicht von jedem erreicht werden können. Hängebrücken, Strickleitern oder Steilwände müssen überwunden werden. Zum Gipfel des Huashan beispielsweise führen in den Fels gehauene Stufen, um die herum Abgründe von mehreren hundert Metern klaffen. Wenn jemand einen Einsiedler oder Mönch fragte, warum er gerade diesen Ort für seine religiöse Praxis gewählt habe, würde dieser vielleicht mit den Worten des berühmten Dichters Li Bai antworten:

Du fragst, warum ich
In den blauen Bergen weile.
Ich lächle, sage nichts.
Wahre im Herzen die Stille.
Pfirsichblüten treiben im Wasser
Hin zu den dämmernden Fernen.
Himmel und Erde sind hier
Anders als in der Menschenwelt.[19]

DIE HEUTIGE DAOISTISCHE WELT

In der langen Geschichte des Daoismus haben sich unterschiedliche Strömungen oder Schulen gebildet. In ihren Lehren greifen sie alle auf bestimmte Grundmuster des Kosmos und seiner Kräfte zurück. Auch ehren alle Schulen das Dao als die höchste Wirklichkeit und erkennen eine Vielzahl von Göttern, Geistern und Unsterblichen an. Die religiöse Praxis der Schulen umfasst Textrezitationen, Rituale, Meditationen und Gebete sowie Praktiken im Zusammenhang mit der Lebenspflege, der Magie und Divination. Freilich hat jede Schule hinsichtlich ihrer Lehre und Praxis eigene Schwerpunkte, wodurch sie sich von den anderen deutlich unterscheidet. Im Laufe der Geschichte haben sich diese Schulen gegenseitig beeinflusst und alle Lehren und Praktiken unterlagen zeit- und situationsbedingten Wandlungen. Doch viele Elemente, die für den Daoismus charakteristisch sind, haben bis heute, mehr als 2000 Jahre, überdauert.

In der heutigen Zeit sind zwei große daoistische Schulen in China von Bedeutung. Im Norden des Landes überwiegt die alchemistische Tradition der Vollkommenen Wirklichkeit, im Süden des Landes und in Taiwan dagegen die Tradition der Himmelsmeister, die auch die Tradition der Orthodoxen Einheit genannt wird. Lokale Kulte und religiöse Feste, der Besuch von Tempeln und Wallfahrten zeigen, dass der Daoismus noch immer in der Bevölkerung verwurzelt ist. Ebenfalls besteht der klösterliche Daoismus weiter und es gibt Einsiedler und Einsiedlerinnen.

Die Kulturrevolution hat dem Daoismus großen Schaden zugefügt. Religiöse Aktivitäten wurden verboten, Tempel und Klöster zerstört und Mönche und Nonnen laisiert, nicht wenige erlitten einen gewaltsamen Tod. Einigen Klerikern gelang es zu fliehen. So lebt der heutige Himmelsmeister in Taiwan. Es gibt auch einige wenige daoistische Mönche, die in Amerika oder anderen Ländern eine neue Heimat gefunden haben.

Ungeachtet des Religionsverbotes hielten manche Laien, Gelehrte und Kleriker an ihrem Glauben fest.

Dennoch hatten diese Restriktionen tief greifenden Einfluss auf die Entwicklung des Daoismus. Einige Grundlagen, auf die sich die Religion gestützt hatte, wurden zerstört. So konnten beispielsweise die daoistischen Meister ihr Wissen nicht mehr weitergeben, es sei denn heimlich. Die Traditionslinie war somit unterbrochen. Und doch scheint es, als habe der authentische Daoismus in der Verborgenheit weitergelebt, wenn auch nur unter wenigen Menschen. In Taiwan dagegen konnte die Tradition der Himmelsmeister in aller Öffentlichkeit unverändert fortgeführt werden.

Als die Kulturrevolution zu Ende ging, lebte der Daoismus wieder auf, allerdings unter staatlicher Kontrolle. Von wissenschaftlicher Seite her begann sich Ende der siebziger Jahre das Interesse an der daoistischen Tradition zu regen. Es entstanden Institutionen zum Studium des Daoismus, die zunächst jedoch der Weltanschauung der kommunistischen Regierung verpflichtet waren. Als ab 1989 Taiwanesen in die Volksrepublik reisen durften, entfaltete sich ein religiöser Austausch und viele Tempel und Klöster wurden wieder aufgebaut. Einige alte daoistische Meister nahmen wieder Schüler an, jedoch noch immer unter vielen Schwierigkeiten. Inzwischen gibt es in China viele wichtige Studienzentren, die sich dem Daoismus widmen. Mit der Öffnung des Landes hat auch der Kontakt zwischen westlichen und chinesischen Wissenschaftlern zugenommen.

In die abgeschiedene klösterliche Tradition hat von außen her niemand Einblick. Offensichtlich ist dagegen, wie lebendig das Ritual heute ist, und zwar nicht nur in Taiwan, sondern auch auf dem Festland. Das heutige Ritual führt traditionelle Elemente fort. Gleichzeitig wird es von neu entstandenen Strömungen geprägt. Wie jede Religion wurde und wird auch der Daoismus durch wirtschaftliche, soziale und politische Umstände beeinflusst. Und zweifellos gab es auch im Daoismus Irrwege und unlautere Menschen. Doch im Laufe der Geschichte sind bis heute immer wieder daoistische Meister und gläubige Laien aufgetreten, die sich darum bemüht haben, den inneren Kern ihrer Religion zu bewahren.

AUF DEM WEG ZUR WELT DER REINHEIT UND RUHE

Den Abschluss dieses Buches bildet die »Schrift über Reinheit und Ruhe«. Dieser daoistische Text stammt aus der Tradition der Vollkommenen Wirklichkeit, hat seit 1000 Jahren viele chinesische Daoisten in ihrer Praxis inspiriert und wird in einigen Klöstern noch heute täglich rezitiert. Er möge in der folgenden Übersetzung auch dem Leser als Inspiration dienen.

»Schrift über Reinheit und Ruhe«

Laozi sagte:
Das große Dao ist formlos.
Es erzeugt und nährt Himmel und Erde.
Das große Dao ist frei von Emotionen.
Es regelt den Lauf von Sonne und Mond.
Das große Dao ist namenlos.
Es lässt die zehntausend Wesen und Dinge wachsen und nährt sie.

Ich kenne seinen Namen nicht.
Es benennend sage ich »Dao«.

Das Dao kann rein sein oder trüb,
in Bewegung oder in Ruhe.
Der Himmel ist rein, die Erde trüb,
der Himmel ist in Bewegung, die Erde in Ruhe.

Das Männliche ist rein, das Weibliche trüb,
das Männliche ist in Bewegung, das Weibliche in Ruhe.
Zur Wurzel hinabsteigend, zum Ende hin strömend
gebiert es die zehntausend Wesen und Dinge.

Das Reine ist die Quelle des Trüben.
Die Bewegung ist das Fundament der Ruhe.
Können die Menschen auf ewig rein und ruhig sein,
dann kehrt das gesamte Universum (zur Reinheit und Ruhe) zurück.

Der menschliche Geist liebt die Reinheit,
aber das Herz beeinträchtigt sie.
Das Herz liebt die Ruhe,
aber das Verlangen mischt sich ein.

Kannst du dich deines Verlangens für immer entledigen,
wird das Herz von selbst ruhig.
Läutere dein Herz,
und dein Geist wird von selbst rein.
Dann entstehen wie von selbst nicht mehr die sechs Arten des Verlangens,
und die drei Gifte werden zerstört.

Wenn du das nicht vermagst, dann ist dein Herz noch nicht geläutert,
und du hast dich deines Verlangens noch nicht entledigt.

Wenn du dich (deines Verlangens) entledigen konntest,
schaue nach innen auf dein Herz:
Da ist kein Herz.
Schaue nach außen auf deinen Körper:
Da ist kein Körper.
Schaue in die Ferne auf die Wesen und Dinge:
Da sind keine Wesen und Dinge.

Wenn du dieser drei inne geworden bist,
blickst du nur in die Leere.

Betrachte die Leere durch die Leere:
Da ist keine Leere.

Diese Leere entspricht dem Nicht-Seienden,
doch es besteht auch kein Nicht-Seiendes.
Wo selbst das Nicht-Seiende nicht mehr vorhanden ist,
waltet tiefe und ewige Gelassenheit.

Wenn selbst die Gelassenheit nicht mehr besteht,
wie könnte dann Verlangen entstehen?
Wenn das Verlangen nicht entsteht,
so bedeutet dies die wahre Reinheit und die wahre Ruhe.

In dieser wahren Ruhe gehe mit den Wesen und Dingen mit,
und in wahrer Dauer gelange zu deinem eigenen inneren Wesen.
Stets mitgehen und immer ruhig sein,
das sind die ewige Reinheit und Ruhe.

So rein und ruhig
gehe Schritt für Schritt in das wahre Dao ein.
In das wahre Dao einzugehen,
heißt »das Dao erlangen«.

Obwohl wir sagen »das Dao erlangen«,
gibt es in Wirklichkeit nichts zu erlangen.
Die Vielzahl der Lebewesen zu verwandeln,
bedeutet »das Dao erlangen«.
Wer dessen inne werden kann,
darf das heilige Dao überliefern.

Laozi sagte:
Ein hoher Herr kämpft nicht,
ein geringer Herr kämpft gerne.
Die hohe Tugend ist frei von Tugenden,
die geringe Tugend ist den Tugenden verhaftet.
Jegliches Verhaftetsein widerspricht dem Dao und der Tugend.

Die Menschen erlangen deshalb das wahre Dao nicht,
weil sie ein aufgewühltes Herz haben.
Wenn ihr Herz aufgewühlt ist,
ist auch ihr Geist erregt.
Wenn ihr Geist erregt ist,
dann nehmen die zehntausend Wesen und Dinge Gestalt an.

Wenn die zehntausend Wesen und Dinge Gestalt angenommen haben,
entstehen das Streben und die Suche.
Wenn es das Streben und die Suche gibt,
kommt es zu Irritationen und Sorgen.

Irritationen, Sorgen, Aufgewühltheit und Vorstellungen
bringen dem Körper und dem Herzen Kummer und Leid.
Man stößt auf Trübes und Schändliches
und treibt auf den Wellen von Leben und Tod dahin.
Man versinkt für immer ins Meer des Leidens
und verliert auf ewig das wahre Dao.

Das Dao der wahren Ewigkeit:
Wer seiner inne wird, erlangt es von selbst.
Wer das Innewerden des Dao erlangt,
weilt ewig in Reinheit und Ruhe.

ANMERKUNGEN

[1] Das Wort »Schamane« ist von dem tungisischen Begriff šaman abgeleitet und bezeichnet kultische Personen der arktisch-nordasiatischen Stämme. Demnach waren die damaligen chinesischen »wu« keine Schamanen im strengen Sinne, doch ihre religiöse Praxis ist mit der Praxis der Schamanen vergleichbar.

[2] Literaturvorschlag: Kenneth DeWoskin: *Doctors, Diviners and Magicians of Ancient China*. New York: Columbia University Press 1983.

[3] Übersetzung: Robert G. Henricks: *Lao Tzu's Tao Te Ching. A Translation of the Startling New Documents Found at Guodian*. New York: Columbia University Press 2000.

[4] Richard Wilhelm übersetzte »Dao« (»Tao«) mit »Sinn« und »De« (»Te«) mit »Leben«.

[5] Zitiert nach der Übersetzung von R. Wilhelm, 1988, S. 131.

[6] Übersetzung: Harold D. Roth: *Original Tao. Inward Training and the Foundations of Taoist Mysticism*. New York: Columbia University Press 1999. Weitere Literatur zum frühen Daoismus: Isabelle Robinet: *Lao Zi et le Tao*. Paris: Bayard Éditions 1996. Stephen Bokenkamp: *Early Daoist Scriptures*. Berkeley: University of California Press 1997.

[7] Literaturvorschläge: Catherine Despeux: *La moelle de phénix rouge. Santé et longue vie dans la Chine du seizième siècle*. Paris: Guy Trédaniel 1988; Ute Engelhardt: *Die klassische Tradition der qi-Übungen (qigong)*. Wiesbaden: Steiner 1987; dies.: »Longevity Techniques and Chinese Medicine«. In: Livia Kohn (Hg.): *Daoism Handbook*. Leiden, 2000, S. 74–108; Livia Kohn (Hg.): *Taoist Meditation and Longevity Techniques*. Ann Arbor: University of Michigan, Center for Chinese Studies 1989; Douglas Wile: *Art of the Bedchamber: The Chinese Sexual Yoga Classics Including Woman's Solo Meditation Texts*. Albany: State University of New York Press 1992.

[8] Übersetzung: James R. Ware: *Alchemy, Medicine & Religion in the China of A.D. 320. The Nei P'ien of Ko Hung*. New York: Dover Publications 1981.

[9] Literaturvorschläge: Catherine Despeux: »Talismans and Diagrams«. In: Livia Kohn (Hg.): *Daoism Handbook*. Leiden 2000, S. 498–540; Monika Drexler: *Daoistische Schriftmagie. Interpretationen zu den Schriftamuletten Fu im Daozang*. Stuttgart: Steiner 1994.

[10] Es gibt zahlreiche einzelne Artikel zu den Gelbturbanen, dem »Taiping jing« und der Tradition der Himmelsmeister. Gute Bibliografien enthält Livia Kohn (Hg.): *Daoism Handbook*. Leiden 2000, Kap. 6, 10 und 11.

[11] Literaturvorschläge: Isabelle Robinet: *La révélation du Shangqing dans l'histoire du taoïsme*. 2 Bände. Paris: Publications de l'Ecole Française

d'Extrême-Orient 1984; dies.: *Taoist Meditation*. Aus dem Französischen übersetzt von N. Girardot und J. Pas. Albany: State University of New York Press 1993.

12 Literaturvorschläge: Stephen Bokenkamp: *Early Daoist Scriptures*. Berkeley: University of California Press 1997; John Lagerway: *Taoist Ritual in Chinese Society and History*. New York: Macmillan 1987; Yamada Toshiaki: »The Lingbao School«. In: Livia Kohn: *Daoism Handbook*. Leiden 2000, S. 223–255.

13 Literaturvorschläge: Russel Kirkland: *Taoists of the High T'ang*. Bloomington: Indiana University 1986. Livia Kohn: »Taoist inside Meditation«. In: Livia Kohn (Hg.): *Taoist Meditation and Longevity Techniques*. Ann Arbor: University of Michigan 1989, S. 193–224.

14 Dieser Roman liegt in englischer Übersetzung vor: Eva Wong (Übers.): *Seven Taoist Masters. A Folk Novel of China*. Boston, Massachusetts: Shambala 1990.

15 Literaturvorschläge: Farzeen Baldrian-Hussein: *Procédés Secrets du Joyau Magique*. Paris: Les Deux Océans 1984; Catherine Despeux: *Zhao Bichen. Traité d'Alchimie et de Physiologie Taoïste*. Paris: Les Deux Océans 1979; dies.: *Taoïsme et Corps Humain. Le Xiuzhen Tu*. Paris: Guy Trédaniel 1994; Fabrizio Pregadio: »Elixirs and Alchemy«. In: Livia Kohn (Hg.): *Daoism Handbook*. Leiden 2000, S. 165–95; Isabelle Robinet: *Introduction à l'alchimie intérieure taoïste. De l'unité et de la multiplicité*. Paris: Cerf 1995; Lowell Skar und Fabrizio Pregadio, »Inner Alchemy« (neidan). In: Livia Kohn (Hg.): *Daoism Handbook*. Leiden 2000, S. 464–497.

16 Literaturvorschläge: Wm. Theodore DeBary: *Self and Society in Ming Thought*. New York: Columbia University Press 1970 (enthält auch einen Artikel von Anna Seidel über Zhang Sanfeng); Pierre-Henry de Bruyn: »Daoism in the Ming« (1368–1644). In: Livia Kohn (Hg.): *Daoism Handbook*. Leiden 2000, S. 594–622.

17 Literaturvorschläge: Monica Esposito: »Daoism in Qing«. In: Livia Kohn (Hg.): *Daoism Handbook*. Leiden 2000, S. 623–58; Holmes Welch und Anna Seidel (Hg.): *Facets of Taoism*. New Haven, Conn.: Yale University Press 1979; Eva Wong: *Cultivating the Energy of Life: A Translation of the Hui-ming ching and its Commentaries*. Boston: Shambala 1998.

18 Literaturvorschläge: Catherine Despeux: *Immortelles de la Chine Ancienne*. Puiseaux: Pardès 1990; T. C. Lai: *The Eight Immortals*. Hong Kong: Swindon Book Company 1972.

19 Zitiert nach Blofeld, 1994, S. 112 (Übersetzung von Obata Shigeyoshi bzw. Wolfgang Höhn und Leo Wagner). Literaturvorschläge: Thomas H. Hahn: »Daoist Sacred Sites«. In: Livia Kohn: *Daoism Handbook*. Leiden 2000, S. 683–708; Susan Naquin und Chün-fang Yü: *Pilgrims and Sacred Sites in China*. Berkeley: University Press 1992.

BEGRIFFSGLOSSAR

Alchemie In die »äußere Alchemie« (Labor-Alchemie) und die »innere Alchemie« gegliederte daoistische Strömung, die sich mit der Umwandlung und der Herstellung eines Unsterblichkeitselixiers befasst.
Dao Wörtlich »der Weg«. Im Daoismus steht »Dao« für das Absolute, die höchste Wahrheit und Wirklichkeit.
Daoistischer Kanon Umfangreiche Sammlung daoistischer Schriften, die 1445 ihre heutige Gestalt annahm.
De Die Wirkkraft des Dao, die sich in der Welt manifestieren kann.
Drei Reine Höchste Göttertriade im Daoismus: der Himmlische Ehrwürdige des Uranfangs, der Himmlische Ehrwürdige des Numinosen Juwels und der Himmlische Ehrwürdige des Dao und seiner Wirkkraft (der vergöttlichte Laozi).
Drei Schätze Drei vitale Kräfte im Menschen: 1. die »Essenz«, das Lebenspotenzial, in »materieller« Ausprägung Samenflüssigkeit und Menstruationsblut, 2. die »Lebensenergie« (Qi) und 3. der »Geist«, die spirituelle und göttliche Kraft.
Drei Zinnoberfelder Drei wichtige energetische Zentren (in Kopf, Brustraum und Abdomen), die bei der Umwandlung der vitalen Energien bedeutsam sind.
Ekstatische Reisen Innere, spirituelle Reisen durch das gesamte Universum als Ausdruck mystischer Erfahrung und der Kommunikation mit den Göttern.
Gelber Kaiser Einer der fünf legendären Kaiser Chinas, der vor etwa 5000 Jahren gelebt haben soll und als Ahnherr des Daoismus verehrt wird.
Gelbturbane Militärisch organisierte daoistische Strömung im 2. Jh. n. Chr., die das politische Ziel des höchsten Friedens mit daoistischen Lehren und Praktiken verband.
Goldenes Elixier Bezeichnung für die chinesische Alchemie und ein Name für das Unsterblichkeitselixier.
Himmelsmeister (→ Daoismus) Bezeichnung der daoistischen Kirche, die im 2. Jh. n. Chr. von Zhang Daoling gegründet wurde, bis heute fortbesteht und auch Daoismus der Orthodoxen Einheit genannt wird. Ihr Oberhaupt ist der Himmelsmeister.
Höchste Klarheit (→ Daoismus) Im 4. Jh. n. Chr. aufgrund von Offenbarungen entstandene und durch eine deutliche Innenwendung geprägte Schule. Ihre Hauptpraxis ist eine Meditationsart, die Visualisierungen umfasst.
Innere Alchemie Die Lehre von der Umwandlung der vitalen Kräfte im Menschen mit dem Ziel der Unsterblichkeit, d.h. der Rückkehr zum Dao.

Lebensenergie (Qi) Die den Kosmos und den Menschen durchflutende vitale Energie, deren Vorhandensein Leben und deren völliges Fehlen Tod bedeutet.
Lebenspflege, das Leben nähren Oberbegriff für Methoden, welche die Langlebigkeit oder Unsterblichkeit zum Ziel haben. Zu ihnen gehören u.a. Bewegungsübungen, Atempraktiken, Diätetik und sexuelle Praktiken.
Numinoses Juwel (→ Daoismus) Im 4. Jh. n. Chr. entstandene daoistische Tradition, in deren Zentrum 40 Schriften stehen. Sie integrierte viele buddhistische Elemente und räumte in ihrer Praxis dem Ritual die erste Stelle ein.
Qigong Wörtlich: »Arbeit am Qi«; der moderne chinesische Oberbegriff für Bewegungs- und Atemübungen, die den harmonischen Fluss der Lebenskraft fördern und somit der Gesundheit dienen.
Taijiquan Bewegungs- und Kampfkunst auf der Grundlage weicher, kreisender Bewegungen, deren Erfindung der Legende nach auf den Unsterblichen Zhang Sanfeng zurückgeht.
Talisman Schrifttalisman mit wirkkräftigen Schriftzeichen zum Schutz vor unheilvollen Einflüssen, auch zur Austreibung böser Geister.
Talisman-Wasser Ein Talisman wird verbrannt, seine Asche mit Wasser vermengt und diese Mischung zur Heilung von Krankheiten eingenommen. Talismanwasser gilt auch als eine besondere Art der Nahrung auf dem Weg zur Unsterblichkeit.
Meister der Techniken »Vorläufer des Daoismus«, Sucher der Unsterblichkeit und Spezialisten in Magie, Weissagung, Medizin, Methoden der Langlebigkeit und im Exorzismus, die auf die religiöse daoistische Praxis großen Einfluss ausübten.
Unsterblicher Embryo Das im Menschen keimhaft angelegte und durch die innere alchemistische Praxis entfaltete unsterbliche Leben.
Unsterblichkeit Das höchste Ziel aller Daoisten, zum Teil als körperliche Unsterblichkeit verstanden, überwiegend jedoch als Rückkehr zum Ursprung, dem Dao.
Vollkommene Wirklichkeit (→ Daoismus) Die bedeutendste innere alchemistische Richtung, eine meditative und strenge klösterliche Schule, die im 12. Jh. von Wang Zhe (Wang Chongyang) gegründet wurde und bis heute fortbesteht.
Wandlungsphasen Die fünf Wandlungsphasen (»Elemente«) Holz, Feuer, Erde, Metall und Wasser stehen für dynamische Kräfte und rhythmische Prozesse im Kosmos und im Menschen. Sie bilden die Grundlage eines Entsprechungssystems, das auf alle Lebensbereiche übertragen wurde.
Yin-Yang Ein Begriffspaar, das zwei polare und komplementäre universale Prinzipien oder Kräfte symbolisiert. Die Klassifizierung zahlreicher Erscheinungen des Universums in Yin und Yang ist eine bedeutende Grundlage der chinesischen Kultur.
Zhong-Lü-Tradition Innere alchemistische Schule, die sich auf die Unsterblichen Zhongli Quan und Lü Dongbin beruft und physiologischen Praktiken der Umwandlung Priorität einräumt.

LITERATUR

Bertschinger, Richard: *Cantong Qi. Das Dao der Unsterblichkeit*. Frankfurt a. Main: Wolfgang Krüger 1997.

Blofeld, John: *Der Taoismus oder Die Suche nach Unsterblichkeit*. München: Diederichs 1994 (4. Auflage).

Blofeld, John: *Eine Reise von tausend Meilen beginnt mit einem Schritt*. München: O.W. Barth 1991 (2000).

Chang, Chung-Yuan: *Tao, Zen und schöpferische Kraft*. München: Diederichs 1980.

Chang, Jolan: *Das Tao der Liebe. Unterweisungen in altchinesischer Liebeskunst*. Reinbek: Rowohlt 1986.

Chang Po-Tuan: *Das Geheimnis des Goldenen Elixiers*. München: O.W. Barth 1990.

Chen Kaiguo, Zheng, Shunchao: *Der Meister vom Drachentor. Geheime Praktiken des Daoismus im modernen China*. München: Ansata 2000.

Cleary, Thomas (Hg.): *Das Tao der weisen Frauen. Der weibliche Weg der inneren Entwicklung*. München: O.W. Barth 1993.

Cleary, Thomas (Hg.): *Also sprach Laotse. Die Fortführung des Tao te king*. München: O.W. Barth 1995.

Cleary, Thomas (Hg.): *Die Drei Schätze des Dao. Basistexte der inneren Alchimie*. Frankfurt a. Main: Fischer 1996.

Darga, Martina: *Das alchemistische Buch von innerem Wesen und Lebensenergie. Xingming guizhi*. München: Diederichs 1999.

Dschuang Dsi: *Das wahre Buch vom südlichen Blütenland*. Übersetzt von Richard Wilhelm. München: Diederichs 1988.

Engelhardt, Ute: *Die klassische Tradition der qi-Übungen (qigong)*. Stuttgart: Franz Steiner 1987.

Engelhardt, Ute, Hempen, Carl-Hermann: *Chinesische Diätetik*. München: Urban & Schwarzenberg 1997.

Granet, Marcel: *Das chinesische Denken. Inhalt, Form, Charakter*. Frankfurt a. Main: Suhrkamp 1989.

Hildenbrand, Gisela (Hg.): *Das Qi kultivieren, die Lebensenergie nähren*. Uelzen: Medizinisch Literarische Verlagsgesellschaft 1998.

Kaltenmark, Max: *Lao-tzu und der Taoismus*. Frankfurt a. Main: Insel 1996.

Kohn, Livia (Hg.): *Daoism Handbook*. Leiden, Boston, Köln: Brill 2000.

Lagerway, John: *Der Kontinent der Geister. China im Spiegel des Taoismus. Eine Reise nach Innen*. Olten: Walter 1991.

Laotse: *Tao te king*. Texte und Kommentar von Richard Wilhelm, München: Diederichs 1978 (12. Auflage 1998).

Laotse: *Tao-te-king*. Übersetzt von Ernst Schwarz. München: Kösel 1995.

Laotse: *Tao te king. Nach den Seidentexten von Mawangdui*. Übersetzt von Hans-Georg Möller. Frankfurt a. Main: Fischer 1995.
Liä Dsi: *Das wahre Buch vom quellenden Urgrund*. Übersetzt von Richard Wilhelm. München: Diederichs 1987 (3. Auflage).
Linck, Gudula: *Yin und Yang. Die Suche nach Ganzheit im chinesischen Denken*. München: Beck 2000.
Liu I-ming: *Zum Tao erwachen. Meditationen, Parabeln und Reflexionen – ein Kompendium taoistischer Weisheit*. Hg. von Thomas Cleary. München: O.W. Barth 1990.
Malek, Roman: *Das Tao des Himmels. Die religiöse Tradition Chinas*. Freiburg: Herder 1996.
Maspero, Henri: *Taoism and Chinese Religion*. Amherst: University of Massachusetts Press 1981.
Mokusen, Miyuki: *Die Erfahrung der goldenen Blüte*. München: O.W. Barth Verlag 1984 (2000).
Porter, Bill: *Die Berge hüten das Geheimnis. Begegnungen mit chinesischen Eremiten*. Düsseldorf: Walter 1994.
Pregadio, Fabrizio (Hg.): *Encyclopedia of Taoism*. London: Curzon. Geplante Veröffentlichung Ende 2001.
Robinet, Isabelle: *Geschichte des Taoismus*. München: Diederichs 1995.
Reiter, Florian C.: *Taoismus zur Einführung*. Hamburg: Junius 2000.
Stein, Stephan: *Zwischen Heil und Heilung. Zur frühen Tradition des Yangsheng in China*. Uelzen: Medizinisch Literarische Verlagsgesellschaft 1999.
Wilhelm, Richard, Jung, Carl Gustav: *Geheimnis der Goldenen Blüte. Das Buch von Bewußtsein und Leben*. München: Diederichs 1987 (2. Auflage).
Wong, Eva (Übers.): *Die Lehren des Tao*. Berlin: Ullstein 1998.
Zhuangzi: Das klassische Buch der daoistischen Weisheit. Übersetzt von Victor H. Mair, aus dem Englischen übersetzt von Stephan Schuhmacher. Frankfurt a. Main: Wolfgang Krüger 1998.

Zhuangzi, Schmetterlingstraum (Buch 2.12)

Einst träumte Zhuang Zhou, dass er ein Schmetterling sei, ein frei umherflatternder Schmetterling, der aus sich selbst heraus glücklich und zufrieden war und von Zhou nichts wusste. Plötzlich wachte er auf, in der Gestalt von Zhou. Nun wusste er nicht, ob Zhou geträumt hatte, dass er ein Schmetterling sei, oder ob der Schmetterling träumte, er sei Zhou. Doch zwischen Zhou und dem Schmetterling gibt es gewiss einen Unterschied. Das nennt man das Sich-Wandeln der Wesen und Dinge.

ZUR AUTORIN

Martina Darga, geboren 1962, studierte in Nijmwegen/Niederlande Psychologie und in München Sinologie, Völkerkunde und Psychologie. Seit mehreren Jahren ist die promovierte Sinologin als freie Redakteurin und Autorin sowie in der Erwachsenenbildung tätig. Ihre thematischen Schwerpunkte sind Kulturgeschichte und die Religionen Asiens. Bei Diederichs veröffentlichte sie »Das alchemistische Buch von innerem Wesen und Lebensenergie« (1999) und »Konfuzius« (2001).

ZHUANGZI, DIE ORDNUNG DER WELT (BUCH 7.3)

Himmelsgrund schweifte frei im blühenden Yang umher. Als er den Wasserpfefferbach erreichte, begegnet er dem Namenlosen und fragte ihn: »Darf ich fragen, wie man die Welt regiert?« Der Namenlose sagte: »Geh weg! Du bist ein niedrig gesinnter Mensch, so unüberlegt zu fragen. Ich bin gerade dabei, mit dem Erzeuger der Wesen zu verkehren. Wenn ich davon genug habe, steige ich auf den Vogel der ungeordneten Weite, begebe mich über die Grenzen der Welt hinaus und schweife frei in den Gefilden des Nichtseins umher, im leeren Grenzenlosen. Warum willst du mein Herz mit der Regierung der Welt aufrühren?«

Doch jener fragte noch einmal. Da sprach der Namenlose: »Du lässt dein Herz frei im Undifferenzierten umherschweifen, sammelst die Lebensenergie im Grenzenlosen, lässt allen Dingen ihren natürlichen Verlauf und lässt nicht zu, dass dein Selbst besteht. Dann ist die Welt wohl in Ordnung.«